CONTES

ANNE FRANK

CONTES

Traduits par
Nelly WEINSTEIN et Arlette ROSENBLUM

PRESSES POCKET

« Verhaaltjes en Gebeurtenissen nit het Achterhuis » beschreven door Anne Frank.
© 1949, 1960 by Otto Frank.
  1982 by Anne Frank-Fonds, Basel.
© Calmann-Lévy, 1959 pour *Blury L'explorateur, Riek, Katrienje, Kaatje, Le sage lutin, La petite marchande de fleurs, Le rêve d'Eva, L'ange gardien.*
© Calmann-Lévy et Presses Pocket pour *La famille du concierge, Le voyage en avion de Paula, La peur, La fée, Jackie, La vie de Cady.*

ISBN 2-266-01577-X

Ces *Contes,* écrits par une enfant pour des enfants, n'ont rien de littéraire. Simples et naïfs, ils sont le reflet touchant des aspirations, des rêves et des problèmes enfantins d'une petite fille qui les écrivit, cachée dans une soupente d'où elle n'apercevait que le ciel et la cime des arbres. Puissent-ils amuser des enfants plus favorisés.

N. W.

BLURY L'EXPLORATEUR

Blury était encore tout petit lors-qu'un jour il eut l'envie de partir à la découverte du monde. Délaissant les jeux des oursons, il réfléchit à l'exécu-tion de son projet et, au soir du qua-trième jour, son plan fut établi. Blury n'attendait plus qu'une occasion pour l'exécuter.

Il partirait dès l'aube, se faufilerait silencieusement dans le jardin pour ne pas éveiller les soupçons de Miesje, sa petite maîtresse, puis se glisserait dans la rue par le trou de la haie. Libre alors, il commencerait son voyage d'explora-tion.

Il exécuta en tout point le plan prévu et quelques heures plus tard seulement, on s'aperçut de sa disparition.

Tout crotté, mais ne s'en souciant guère, Blury, plein d'aplomb, se dirigeait vers la rue, en empruntant le sentier qui sépare les jardins. Il avançait, les yeux grands ouverts, pour éviter de culbuter sur les pavés inégaux.

Il eut un moment d'angoisse lorsqu'il se sentit perdu au milieu de pieds et de jambes, se dit sagement qu'il serait plus prudent de rester au bord de la chaussée. Le petit ours était intelligent et le fait de vouloir découvrir le monde à son âge en était la preuve. Il avançait donc prudemment sur le bord de la chaussée en évitant de tomber dans un piège lorsque, soudain, son cœur se mit à battre, battre : un grand trou noir et profond s'ouvrait à ses pieds. C'était un soupirail qui donnait accès à une cave, mais notre ourson l'ignorait et fut pris de vertige. Devait-il s'y aventurer ? Il regarda anxieusement autour de lui, mais les nombreuses paires de jambes qui l'entouraient passaient sans s'arrêter devant ce danger, semblant même l'ignorer. Bientôt calmé, Blury reprit sa course en longeant les murailles.

« Maintenant je parcours le monde, se dit-il. Mais où est-il, le monde ? Toutes ces jambes dans des pantalons et des bas m'empêchent de le voir et je crois que je suis trop petit pour le découvrir. Mais peu importe. Je grandirai en vieillissant, alors je pourrai découvrir tout ce que je cherche ! » Et Blury se remit à trotter en tâchant d'ignorer les jambes grasses ou maigres qui l'entouraient.

Mais le jour commençait à baisser et l'ourson avait faim. En projetant son équipée, il n'avait pas prévu qu'il lui faudrait boire, manger et dormir. Dans son enthousiasme, il avait négligé des détails aussi terre à terre. Il continua donc à trottiner, mais s'arrêta net devant une porte ouverte devant lui. Après quelques hésitations, il la franchit pour se retrouver bientôt devant une autre porte entrouverte qu'il franchit comme la première et eut enfin la chance de découvrir un baquet plein de lait déposé près d'un récipient contenant

11

une pâtée quelconque. Affamé et alléché par tant de bonnes choses, Blury but le lait d'un trait sans se soucier de la petite peau qui le recouvrait et qui l'eût fait frémir de dégoût en d'autres circonstances. Puis il s'attaqua à la pâtée qui disparut aussi vite que le lait et Blury se sentit rassasié et content. Mais il vit alors une grosse boule blanche qui s'avançait d'un pas majestueux, tout en le fixant de ses yeux verts. La chose s'arrêta pile devant lui et d'une voix haut perchée l'interpella :

« Qui es-tu et pourquoi as-tu mangé ma pâtée ?

— Je m'appelle Blury, le petit ourson, et, bien que je parte à la découverte du monde, il faut que je me nourrisse. Je ne savais pas que c'était ta pâtée !

— Tu fais un voyage d'exploration, mais pourquoi as-tu précisément vidé mon écuelle ? »

Blury répondit d'un ton bourru :

« Parce que je n'en ai pas trouvé d'autre. »

Puis d'une voix plus aimable :

« Mais d'où sors-tu ? A quelle espèce étrange appartiens-tu ?

— Je m'appelle Miurra et suis une chatte angora. Mon maître dit que je suis très précieuse. Si tu savais, Blury, comme je m'ennuie toute seule ; ne voudrais-tu pas rester avec moi ?

— Je veux bien rester une nuit et dormir auprès de toi, mais je repartirai demain matin. »

Miurra, très contente, dit à Blury de la suivre et tous deux pénétrèrent dans un réduit où l'ourson n'aperçut que de nombreuses pattes : des grandes, des petites, mais elles étaient toutes en bois. Blury vit alors dans un coin un grand panier d'osier, garni d'un coussin de soie verte. Miurra s'y allongea malgré ses pattes sales, au grand étonnement de l'ourson qui n'admettait pas le laisser-aller. Blury demanda s'il pouvait se laver avant de se coucher et la chatte lui répondit :

« Laisse-moi faire, j'en ai l'habitude. »

L'ourson, ignorant les méthodes de Miurra, accepta son offre et la chatte lui dit de se dresser sur ses pattes de derrière. Elle se mit alors à le lécher et Blury demanda si c'était là sa manière de se laver.

« Mais oui, lui répondit-elle. Tu verras comme tu seras beau et reluisant. Un ourson qui est propre est reçu partout et peut ainsi plus facilement découvrir le monde. »

Blury tâcha de réprimer ses frissons et, en ours courageux, se tint immobile. Mais ses membres devinrent douloureux à la longue et il allait perdre patience, lorsque Miurra termina ses lécheries. L'ourson était éblouissant ! La chatte alors se coucha dans son panier et Blury, mort de fatigue, s'étendit à ses côtés. C'est ainsi qu'ils s'endormirent tous les deux.

Lorsque Blury se réveilla le lendemain, il lui fallut quelque temps pour se rappeler où il était.

Miurra dormait toujours en ronflant doucement, mais Blury ne songeait qu'à manger. Sans se soucier du repos de son hôtesse bénévole, il la réveilla pour lui dire :

« Je meurs de faim, Miurra, donne-moi s'il te plaît à manger. »

La jolie chatte bâilla d'abord, puis s'étirant jusqu'à doubler de longueur, elle lui répondit :

« Non vraiment, je ne puis plus rien te donner. Il faut que ma maîtresse ignore ta présence. Tu dois disparaître aussi vite que possible dans le jardin ! »

Miurra bondit hors de son panier et Blury la suivit à travers la chambre. Ils franchirent une première porte, puis une autre, enfin une troisième, transparente celle-là, et se retrouvèrent dans le jardin. Miurra dit alors :

« Bon voyage, Blury, au revoir », puis elle disparut prestement.

Laissé seul et bien moins assuré que la veille, l'ourson traversa le jardin et regagna la rue, en se faufilant sous la haie. Où irait-il à présent et quand découvrirait-il enfin le monde ? Trottinant prudemment le long des maisons, il vit soudain une grande chose montée sur quatre pattes, se dirigeant vers lui à toute allure en poussant des cris assourdissants. Peureux et collé contre le mur de pierre d'une maison, il vit que la chose s'était calmée tout en s'approchant de lui. L'ourson se mit à pleurer tant il avait peur. La chose ne s'en soucia guère ; elle s'assit et, de ses grands yeux, se mit à contempler l'ourson désemparé qui lui demanda en tremblant : « Que me veux-tu donc ?

— Te regarder, car je n'ai jamais rien vu de semblable. »

Blury respira ! On pouvait donc parler avec cette chose gigantesque. Et pourquoi sa petite maîtresse ne le comprenait-elle pas ? Le grand animal ne lui laissa pas le temps de résoudre ce problème important. Il ouvrit la gueule et montra ses crocs à Blury qui se mit à trembler de peur. Que voulait-on faire de lui ? Il le sut plus tôt qu'il ne l'eût souhaité. Sans crier gare, l'animal le saisit par la peau du cou et le traîna avec lui dans la rue. Blury, ne pouvant pleurer ni crier, se remit à trembler et perdit

16

courage. Maintenant, il ne pouvait plus trotter... Si seulement sa nuque n'était pas douloureuse... il pourrait mieux supporter la situation. Il avait l'impression d'être voituré. Cette avance régulière l'étourdissait. Où le conduisait-on ? Bercé par les pas de la bête, il finit par perdre conscience, mais cet état d'euphorie fut de courte durée. L'animal, se demandant sans doute pourquoi il traînait cette petite chose sans intérêt pour lui, la laissa choir, non sans l'avoir mordue dans la nuque, et continua son chemin comme si de rien n'était. Le petit ours, souffrant de sa plaie, se retrouva tout seul. Il se releva pour ne pas être piétiné par la foule et, après s'être frotté les yeux, regarda autour de lui. Il vit bien moins de jambes, bien moins de pierres, mais, par contre, bien plus de soleil. Des coups lui martelaient le crâne, ce qui l'empêchait de penser clairement. Ne ferait-il pas mieux de retourner chez lui ? Pourquoi continuer son voyage ? Miurra était loin, sa mère et sa petite maîtresse plus loin encore ! Non, il n'interrompait pas son voyage et ne s'arrêterait que lorsqu'il aurait découvert le monde. Mais un bruit insolite lui fit tourner la tête et, cette fois, il aperçut une petite fille qui le regardait. Elle disait à sa mère qui l'accompagnait :

« Regarde, maman, le petit ourson ; puis-je l'emmener avec moi ?

— Non, mon enfant. Tu vois bien qu'il saigne, il doit être blessé.

— Oh ! maman, ce n'est pas grave. Je l'emmènerai et nous le laverons à la maison. Ainsi, j'aurai toujours un petit ami pour jouer avec moi. »

Blury ne pouvait comprendre ce qu'elles disaient car les oursons ne comprennent que le langage des bêtes. Mais la petite fille paraissait gentille et il se laissa faire lorsqu'elle le souleva, l'enveloppa dans une couverture et le mit dans un sac.

Ainsi balancé de-ci de-là, Blury poursuivit son voyage d'exploration. Après un certain temps, la petite fille l'ôta du sac et le prit dans ses bras. L'ourson put alors contempler le paysage de haut ! Il

vit des pierres et des pierres qui s'amon-
celaient et tout en haut, près du ciel, un
panache de fumée en sortait et ressemblait à la petite plume qui ornait le
chapeau de sa maîtresse. Un espace bleu
s'étendait là-haut. Mais qu'était-ce donc
là ? L'azur se mit à bouger ; quelque
chose de blanc apparut au loin et s'approchant de plus en plus, arriva au-
dessus de leurs têtes pour s'éloigner à
nouveau. Puis l'espace redevint bleu
comme avant. En bas, un grand objet
inconnu s'éloignait à toute vitesse en
lançant de furieux appels. Cet objet était
privé de jambes ou de pattes. Seuls se
voyaient à leur place des disques enflés !
Blury pensait que son équipée commençait à devenir intéressante. A vrai dire,
on n'apprenait rien en restant dans les
jupes de sa mère. L'ourson voulait gran-
dir pour voir toujours plus de choses et
acquérir ainsi de l'expérience. Il savait
au moins ce qu'il voulait, le petit Blury !

La mère et l'enfant s'arrêtèrent un
instant, puis franchirent une porte et la
première chose que vit alors l'ourson fut

une grosse boule qui ressemblait à s'y méprendre à Miurra.

Si la mémoire de Blury était exacte, cette chose s'appelait Poes. Ce nouveau chat se frotta contre les jambes de la petite fille, mais celle-ci le chassa. Tenant toujours Blury dans ses bras, elle alla vers une chose blanche et unie qui se dressait dans un coin, bien au-dessus du sol. La petite fille fit tourner un objet métallique, puis déposa l'ourson sur un grand carré froid et dur et se mit à le laver, en ayant bien soin de nettoyer sa plaie. Blury pleurait car il avait très mal, mais l'enfant ne semblait pas y prendre garde. Cette séance fut heureusement plus expéditive que celle de Miurra. L'ourson avait froid et était trempé. La petite fille le sécha rapidement, l'enveloppa dans une couverture propre et le déposa sur un coussin de plumes pareil à celui que sa petite maîtresse lui avait confectionné. Mais pourquoi se coucher puisqu'il n'avait pas sommeil ?

A peine la fillette eut-elle tourné le dos

que Blury quitta sa couche et se remit en route.

Après avoir franchi bon nombre de portes, il se retrouva encore une fois dans la rue. Il se dit alors qu'il mangerait bien quelque chose. Tenaillé par la faim, reniflant de tous côtés, il partit à la recherche d'une nourriture quelconque. Guidé par son odorat, il se trouva bientôt devant une porte d'où sortait la bonne odeur.

Se glissant entre deux jambes gainées de gros bas de laine noire, il pénétra dans la grande boutique. Deux jeunes filles, qui se tenaient derrière un comptoir élevé, eurent tôt fait de l'apercevoir. Pensant que l'ourson pourrait les aider, car elles travaillaient durement du matin au soir, elles l'attrapèrent et le mirent dans un endroit sombre où régnait une chaleur terrible. Mais l'ourson n'y prit pas garde, ne voyant que les bonnes choses qui jonchaient le sol. Partout autour de lui s'alignaient des petits pains. Blury n'en avait jamais vu d'aussi nombreux et d'aussi appétissants. Il en

dévora tant qu'il faillit devenir malade.
Puis sa faim calmée, il se mit à regarder
attentivement autour de lui. Il y avait
beaucoup à voir dans ce réduit, vrai pays
de cocagne ! Ce n'étaient que grosses
miches, petits pains, gâteaux et biscuits,
tous à sa portée. Il y régnait aussi une
grande animation. Blury distinguait de
nombreuses jambes blanches, différentes de celles de la rue.

Il n'eut pas le temps de rêver, car
bientôt les jeunes filles lui mirent un
grand balai entre les pattes et lui mon-
trèrent comment il fallait s'en servir.
L'ourson savait comment s'y prendre ; il
avait maintes fois vu sa mère balayer le
sol. Il se mit donc courageusement à
l'ouvrage. Mais le balai était lourd, la
poussière qu'il soulevait lui chatouillait
le nez et le faisait éternuer. Il faisait
tellement chaud qu'il se sentit bientôt
mal à l'aise en accomplissant ce travail
auquel il n'était pas habitué. Lorsqu'il
s'arrêtait, quelqu'un se trouvait toujours
là pour le forcer à reprendre son travail
et parfois le frappait. Blury pensait :

22

« Si seulement je n'étais pas entré aussi précipitamment, toutes ces misères m'eussent été épargnées. » Mais il était trop tard pour se plaindre. On le forçait à balayer, donc il fallait balayer !

Il travailla longtemps encore ; dès qu'il eut rassemblé poussières et saletés dans un coin du réduit, l'une des jeunes filles vint le prendre et le déposa sur un tas de grosses boucles détachées, jaunes et dures. Elle l'y installa et Blury comprit qu'il pouvait enfin se reposer. Il s'étira longuement, s'endormit presque aussitôt et ne bougea plus jusqu'au matin.

A son réveil, on lui permit de manger autant de friandises qu'il voulait, puis il se remit au travail.

Pauvre Blury ! La grande chaleur l'incommodait et il ressentait encore la fatigue de la veille. C'est alors qu'il se prit à regretter sa maison, sa mère et sa petite maîtresse et la vie paresseuse qu'il avait menée auprès d'elles. Comment pourrait-il les retrouver ? Il n'était pas question de fuir, car on le surveillait. De plus, la seule porte qu'il eût pu franchir donnait accès au carré où se tenaient les deux jeunes filles qui ne manqueraient pas de le rattraper. Non, Blury devait attendre. Ses idées manquaient de clarté. Il se sentait faible et malade. Tous les objets se mirent bientôt à tourner autour de lui et il dut s'asseoir; personne ne se souciait du petit ourson. Lorsque son malaise fut passé, il se remit au travail.

Après avoir manié le balai pendant une semaine, Blury ne se plaignait plus. Les oursons oublient vite et cela vaut mieux ainsi. Mais il pensait encore à sa mère et à son foyer. Tout cela lui paraissait si lointain, si irréel...

Les deux jeunes filles qui l'avaient attrapé virent un soir l'annonce suivante dans le journal :

« Une bonne récompense est promise à celui qui rapportera un petit ourson brun, répondant au nom de Blury. »

Elles se demandèrent si, par hasard, il ne s'agissait pas de leur petit ours et pensaient qu'il n'était pas encore très habile au travail et qu'elles gagneraient au change en le ramenant à sa maîtresse. Elles se hâtèrent vers la boulangerie et appelèrent : « Blury... Blury... » Le petit ours, tout étonné, regarda autour de lui. Quelqu'un l'avait-il appelé ? Les jeunes filles s'approchaient en appelant encore : « Blury... Blury. » Le petit ours se hâta vers elles et l'une des jeunes filles dit alors : « C'est certainement Blury ; il vient quand on l'appelle par son nom. »

Tout était donc pour le mieux et, le soir même, le petit ours retrouva son foyer, tandis que les jeunes filles touchèrent leur récompense.

Blury fut battu pour avoir désobéi, puis sa petite maîtresse l'embrassa parce qu'il était revenu.

Sa mère lui demanda :

« Pourquoi t'es-tu enfui, Blury ?

— Je voulais découvrir le monde !

— Et alors, l'as-tu découvert ?

— Oh ! j'ai vu beaucoup, beaucoup de choses et suis devenu un ours plein d'expérience.

— Je n'en doute certes pas, mais

réponds-moi donc ; as-tu enfin découvert le monde ?

— Non... je ne crois pas. Je l'ai long-temps cherché, mais ne l'ai pas trouvé... »

Traduction de Nelly Weinstein.

RIEK

JE me promenais un après-midi dans la grand-rue.

A quatre heures et demie, je voulus entrer dans une boulangerie-pâtisserie, lorsque je vis déboucher d'une artère transversale deux jeunes filles qui se donnaient le bras et marchaient en bavardant gaiement, tout en suivant le même chemin que moi.

Rien de plus gai que le babillage de deux adolescentes. Leur rire et leur joie sont si contagieux qu'ils gagnent tout leur entourage.

J'écoutais donc les propos qu'échangeaient les deux amies. Elles se demandaient ce qu'elles pourraient bien acheter pour dix sous.

Arrivées devant la boulangerie, elles

contemplèrent sa vitrine appétissante; comme je les suivais de près, je connus bientôt leurs préférences. Il y avait peu de monde à l'intérieur de la boutique et les fillettes furent immédiatement servies. Leur choix se fixa sur deux grands gâteaux qu'elles emportèrent sans les entamer. Je fus servie après elles et sortis de la boulangerie. Je les vis alors marchant devant moi en parlant à voix haute. Elles arrivèrent ainsi à l'angle de deux rues où l'étalage d'un autre pâtissier offrait un grand choix de gâteaux aux passants. Une toute petite fille en arrêt les contemplait d'un œil avide.

Les deux amies s'arrêtèrent encore une fois et, tout en examinant ce nouvel assortiment de friandises, se mirent à bavarder avec l'enfant. Je saisis quelques bouts de phrases. L'une d'elles lui demandait : « Mon Dieu, as-tu donc tellement faim ? Veux-tu manger un gâteau ? » L'enfant lui répondit d'un signe de tête affirmatif. Mais l'autre jeune fille s'écria aussitôt : « Voyons, Riek, ne sois donc pas si sotte. Si tu lui donnes ton gâteau, tu n'auras plus le plaisir de le manger ! »

Riek, indécise, regardait successivement l'enfant et son gâteau, puis brusquement tendit celui-ci à la petite fille en lui disant gentiment :

« S'il te plaît, prends-le. Moi, j'aurai bien encore à manger ce soir. »

Et avant que l'enfant ait pu la remercier, les deux amies avaient disparu.

Lorsque je passai devant elle, la petite fille léchait le gâteau avec délice. Voyant que je la contemplais, elle me demanda timidement :

« Voulez-vous en goûter, mademoiselle ? Quelqu'un me l'a donné. »

Je la remerciai en souriant.

Qui était la plus heureuse à présent : Riek, son amie ou la petite fille ? Pour ma part, je suis certaine que c'était Riek.

Traduction de Nelly Weinstein.

KATRIENTJE

KATRIENTJE, assise au soleil sur la grosse pierre devant la ferme, pensait. Elle pensait fébrilement.

C'était une petite fille timide, silencieuse et farouche, et personne n'eût pu deviner ce qui se passait dans sa tête.

L'enfant n'avait pas d'amies et n'en aurait probablement jamais. Sa mère, désolée, la trouvait étrange ; quant au paysan, son père, il était bien trop accablé par le travail de la terre pour s'occuper de son enfant unique.

N'ayant jamais été entourée, Trientje ne souffrait pas trop de sa solitude et se contentait de peu. Mais ce jour-là, assise sur la grosse pierre, elle soupirait, laissant errer son regard sur les champs de blé.

Comme elle aimerait jouer là-bas, avec les autres petites filles qui riaient, couraient et s'amusaient! Peut-être viendraient-elles l'inviter car elles se rapprochaient de Katrientje? Mais non, elles n'accouraient que pour se moquer de la fillette qui entendait déjà leurs propos moqueurs et l'affreux surnom de « souillonnette » qu'elles lui avaient donné.

Katrientje se sentait si malheureuse! Elle aurait bien voulu s'enfuir chez elle mais ses petites camarades se seraient moquées davantage.

Pauvre enfant, ce n'était pas la première fois qu'on la délaissait et se moquait d'elle. Comme elle enviait ces petites filles joyeuses!

. . . .

« Trientje, Trientje, il faut rentrer; c'est l'heure de la soupe. »

La fillette se leva en soupirant et obéit à l'appel de sa mère.

A la vue de sa fille, la paysanne ne put s'empêcher de dire amèrement lorsque la petite entra dans la salle commune avec son air de chien battu :

« Comme notre Katrientje est joyeuse et de bonne humeur aujourd'hui ! »

« As-tu perdu ta langue ? » lui demanda encore sa mère, et son ton était plus courroucé qu'elle ne l'eût voulu. Mais sa fille ressemblait si peu à l'enfant gaie et réjouie qu'elle eût tant aimé avoir !

— Oui, mère, dit l'enfant d'une voix peureuse.

— Où as-tu donc traîné toute la matinée ? N'as-tu pas honte, petite paresseuse ?

— J'étais dehors », répondit l'enfant qui sentit sa gorge se serrer.

Mais la mère, devinant l'embarras de la fillette et de plus en plus anxieuse de savoir où la petite fille était restée, reprit de plus belle :

« Me répondras-tu enfin ? Toujours cet air souillon que je ne puis supporter. »

Lorsque Katrientje entendit prononcer le mot qui était à l'origine de son surnom tant haï, elle se mit à sangloter.

« Eh bien, cela te reprend de nouveau, m'avoueras-tu à la fin où tu as traîné toute la journée ? Est-ce un secret ? »

La pauvre enfant sanglotant de plus belle ne put prononcer une parole. Elle se leva brusquement en renversant sa chaise et s'enfuit au grenier où elle put donner libre cours à son chagrin.

La mère, haussant les épaules, se mit à ranger la table.

Elle n'était pas fort étonnée du comportement de l'enfant, car cette scène se répétait souvent ; ne pouvant rien en tirer, elle laisserait sa fille en paix, car les larmes de la petite étaient toujours prêtes à couler.

Trientje, entre-temps calmée, mais toujours assise au grenier, se mit à réfléchir. Tout à l'heure, elle descendrait et dirait à sa mère qu'elle était restée toute la matinée assise au soleil, sur la grosse pierre devant la ferme, et elle promettrait d'achever tout le travail qu'on exigeait d'elle. Sa mère comprendrait alors qu'elle n'était pas paresseuse, et si elle lui demandait pourquoi elle était restée

33

assise sans rien faire, Katrientje lui dirait qu'elle avait à réfléchir sérieusement à quelque chose.

Lorsqu'elle se rendrait au village pour distribuer les œufs de la ferme à la clientèle, elle achèterait avec ses économies un dé en argent pour sa mère ; celle-ci verrait alors qu'elle n'était pas une fainéante. Peut-être après l'achat du dé lui resterait-il encore suffisamment d'argent pour acheter un sac de friandises qu'elle distribuerait à ses petites camarades en allant à l'école. Toutes alors la trouveraient gentille ; Katrientje jouerait avec les petites filles et leur montrerait les jeux amusants qu'elle connaissait. On ne l'appellerait plus alors que « Katrientje ». Elle se leva, et encore tout hésitante, descendit l'escalier du grenier.

Lorsque sa mère lui demanda si elle avait cessé de pleurer, Katrientje n'eut pas le courage de lui répondre, et s'enfuit hors de la ferme.

Peu avant le coucher du soleil, elle s'en alla au village, un panier plein d'œufs suspendu à son bras. Après une demi-heure de marche, elle arriva chez la première cliente qui l'attendait déjà devant sa porte en tenant une coupe de faïence.

« Il me faut dix œufs aujourd'hui, mon enfant », lui dit la femme d'une voix aimable.

Trientje compta dix œufs qu'elle déposa dans la coupe, puis, après avoir salué sa cliente, continua sa tournée.

Au bout de trois quarts d'heure, tous ses œufs étaient livrés et Trientje pénétrait dans une petite boutique qui avait toutes sortes de marchandises à vendre.

Un beau dé en argent et un sac de bonbons remplacèrent les œufs dans son panier et Katrientje s'en retourna vers la ferme.

A mi-chemin, elle aperçut les deux petites filles qui s'étaient moquées d'elle le matin même.

Surmontant l'envie de se cacher, elle continua courageusement son chemin.

« Hé là, regardez Souillonnette, la sotte petite fainéante ! »

Le cœur de Trientje se mit à battre...

C'est alors qu'elle sortit du panier le sac de bonbons et l'offrit aux petites filles. L'une d'elles le lui arracha des mains et s'enfuit suivie de sa compagne qui, avant de disparaître au tournant du chemin, lui tira la langue.

Seule et désespérée, la pauvre petite Katrientje s'assit sur l'herbe qui bordait la route. Elle se mit à pleurer.

Le jour baissait déjà lorsqu'elle ramassa son panier qui, entre-temps, s'était renversé et Trientje reprit en courant le chemin de la ferme.

Un dé d'argent brillait quelque part dans l'herbe.

Traduction de Nelly Weinstein.

KAATJE

Kaatje est notre petite voisine.

Lorsqu'il fait beau, et que je regarde par la fenêtre, je la vois jouer dans son jardin. En semaine, elle ne quitte pas sa petite robe de coton, mais le dimanche elle porte une belle robe de velours lie-de-vin. Ses deux petites nattes blondes, tressées en queues de rats, lui encadrent le visage qu'animent deux yeux bleus.

Kaatje n'a plus de père, mais a une bonne mère. Celle-ci est laveuse et s'absente souvent le jour pour faire des ménages, tandis que le soir elle fait des lessives pour ses clients. Tard dans la nuit, on l'entend battre le linge qu'elle suspend ensuite le long d'une corde tendue au jardin.

Kaatje a six frères et sœurs. Le plus

petit se pend à ses jupes, lorsque maman crie qu'il est l'heure d'aller au lit. Kaatje a un chat qui ressemble à un négrillon, et qu'elle soigne tendrement. Tous les soirs, avant d'aller se coucher, elle appelle : « Poes!... Poes!... Ka...atje!... Ka...atje!... » et c'est pourquoi nous l'appelons Kaatje! Elle s'appelle sans doute autrement, mais le nom de Kaatje lui sied(1). La fillette possède aussi deux lapins, un blanc et un noir, qui gambadent dans l'herbe.

Comme tous les enfants, Kaatje est parfois méchante, surtout quand elle se dispute avec ses petits frères... Oh! si vous pouviez la voir alors, frappant, donnant des coups de pied et même mordant! Les petits frères sont pleins de respect devant une Kaatje si forte!

Lorsque maman crie : « Kaatje, va faire les courses du ménage... », la petite fille se bouche bien vite les oreilles, car elle déteste cette corvée. Elle pourra

(1) Kaatje signifie en hollandais : « petit chat » mais est aussi le diminutif de Katherine.

honnêtement affirmer tout à l'heure qu'elle n'a rien entendu ! Kaatje ne ment jamais, ses grands yeux bleus en sont la preuve...

Son frère aîné a seize ans et travaille déjà. Il aime jouer au chef de famille et régente souvent ses frères et sœurs. Kaatje n'ose jamais le contredire, car Piet a la main dure. Mais elle sait aussi que lorsqu'elle lui obéit il a toujours une friandise en réserve pour elle.

Tous ces marmots sont très gourmands. Le dimanche, la famille se rend à l'église et Kaatje prie pour son père qui est au ciel et pour que sa mère puisse encore vivre très longtemps. Après l'office, Kaatje est enchantée de se promener et de traverser le parc de la ville.

La petite fille console parfois sa mère lorsque celle-ci pleure de fatigue ou de découragement. Kaatje lui promet alors tout ce qu'elle désirerait avoir plus tard. L'enfant voudrait être grande et gagner de l'argent, pour s'acheter de jolies robes. Elle donnerait aussi, comme Piet, des bonbons à ses frères et sœurs. Mais avant d'en arriver là il faudra encore longtemps aller à l'école.

Maman veut que Kaatje suive des cours de l'école ménagère, mais la fillette et sa mère ne sont pas d'accord à ce sujet.

Kaatje ne veut pas devenir une domestique. Elle aimerait travailler dans une usine, comme les jeunes filles qu'elle voit journellement passer devant sa maison.

On n'est jamais seule dans une usine, et Kaatje pourrait y bavarder à son aise, c'est tout ce qu'elle désire !

Kaatje est souvent punie parce qu'elle bavarde pendant la leçon. Mais, en général, elle est une bonne élève. Elle aime son institutrice qui est gentille et sait tant de choses ! Comme cela doit être difficile d'en arriver là... Mais on peut se tirer d'affaire sans en savoir aussi long !

Maman dit toujours que lorsqu'on est trop intelligente on ne trouve pas de mari. Cela serait terrible pour Kaatje, qui voudrait avoir plus tard de gentils petits enfants. Mais ils ne devront pas ressembler à ses frères et sœurs. Les enfants de Kaatje seront bien plus beaux et plus gentils. Ils auront de belles boucles brunes et non de vilains cheveux blonds, et n'auront pas de taches de rousseur comme Kaatje. Elle n'aura pas autant d'enfants que sa mère — deux ou trois lui suffiront. Mais, avant cela, de longues années devront encore s'écouler, presque aussi nombreuses que celles qui se sont écoulées depuis sa naissance...

« Kaatje, viens ici. Où t'es-tu cachée, vilaine fille ? Je suis certaine que tu étais encore en train de rêvasser... »

Kaatje se lève en soupirant... elle était en train de faire de si beaux projets d'avenir !

Traduction de Nelly Weinstein.

LE SAGE LUTIN

Il y avait une fois un petit elfe qui s'appelait Dora. Cette Dora était fort jolie, riche et très gâtée par ses parents. Elle riait du matin au soir, ne se souciant guère du chagrin d'autrui.

Un petit gnome appelé Peldron habitait la même forêt que Dora. Il était en tout l'opposé du petit elfe. Tandis que Dora riait et admirait les belles choses qui l'entouraient, Peldron pleurait sur les misères qui accablaient encore le monde des elfes et des gnomes, tout comme celui des hommes.

Un jour que Dora se rendait chez le cordonnier du village, elle rencontra en chemin le gnome maussade et pleurnicheur. Dora était gentille, mais un peu orgueilleuse, car tout son entourage l'ad-

mirait beaucoup. S'approchant doucement de Peldron, elle fit sauter son petit
bonnet en l'air, le saisit et s'en fut le
cacher non loin de là, dans le creux d'un
arbre.

Furieux du tour que le petit elfe lui
avait joué, Peldron tapa du pied en
réclamant à grands cris son bonnet.
Dora continua son chemin en riant et
sans se soucier de la colère du gnome qui
retrouva son couvre-chef, après l'avoir
longtemps cherché. Peldron ne suppor-
tait pas la plaisanterie et détestait Dora.

Il se remit tristement à marcher, mais
ses pensées moroses furent interrom-
pues par une voix de basse qui l'interpellait : « Peldron, je suis le plus vieux
gnome de la forêt, mais aussi le plus
pauvre. Ne pourrais-tu me faire l'aumône pour que je puisse m'acheter de
quoi manger ? » Peldron fit un signe de
tête négatif à son interlocuteur et
ajouta : « Je ne veux rien te donner,
vieux gnome ; il vaut mieux que tu
meures pour que tu n'aies plus à souffrir
des misères de ce monde ! » et, sans se

retourner, Peldron poursuivit son chemin.

Dora, entre-temps, s'étant rendue chez le cordonnier du village, revenait chez elle en empruntant un sentier de la forêt lorsqu'elle entendit quelqu'un qui l'interpellait. C'était notre vieux gnome qui lui demandait l'aumône. Dora lui répondit : « Non, je ne te donnerai rien, car je ne puis compatir à ta misère ! Le monde est trop plaisant pour que je m'attriste à la vue d'un pauvre gnome comme toi ! », et le petit elfe s'en fut de son pas sautillant.

Le vieux gnome s'assit alors mélancoliquement sur le tapis de mousse de la forêt tout en songeant aux moyens de corriger ces deux enfants, l'un trop gai, l'autre trop triste. Il faut vous dire que ce gnome était un grand magicien souhaitant qu'hommes, gnomes et elfes deviennent meilleurs pour rendre la vie commune plus agréable.

Après une heure de méditation profonde, l'enchanteur se leva et se dirigea vers la maison habitée par Dora et ses parents.

Le lendemain, Peldron et le petit elfe, impuissants devant la volonté du magicien, se retrouvèrent prisonniers du vieux gnome, dans une cabane de la forêt. Que firent-ils alors, abandonnés en tête-à-tête dans la petite maison ? Ils ne pouvaient s'évader, car les portes étaient hermétiquement closes et défense leur était faite de se chamailler. Contraints de travailler durement du matin au soir, ils acceptèrent leur nouvelle vie, selon leur humeur : Peldron en maugréant et Dora en se livrant à maintes espiègleries. Tous les soirs, le magicien venait inspecter le travail de la journée, puis les laissait en paix jusqu'au lendemain. Comment réussiraient-ils à reconquérir leur liberté ? Le seul moyen n'était-il pas d'obéir aux exigences sévères du magicien ? Ne pouvant ni sortir ni se quereller, ils furent bien obligés de travailler sans relâche. Peldron le maussade était odieux à Dora qui ne voyait que lui du matin au soir. Elle n'avait heureusement pas le temps de parler, car elle devait préparer les repas (sa mère lui avait appris à faire la cuisine), entretenir la petite maison et, dès qu'elle avait quelques instants de répit, elle se mettait à filer.

Peldron, de son côté, muni d'une hache, taillait les bûches de l'âtre, puis se livrait à de menus travaux de cordonnerie. Dora servait le repas du soir à sept heures, après quoi, les enfants étaient si fatigués qu'ils répondaient à grand-peine aux questions du magicien, venu pour contrôler le travail de la journée.

Au bout d'une semaine de vie commune, Dora n'avait rien perdu de sa bonne humeur. Toujours rieuse, elle commençait cependant à comprendre la vie et à s'apercevoir que pour beaucoup, elle était fort pénible. Il ne fallait donc jamais refuser l'aumône aux déshérités.

Peldron, d'autre part, devenait moins maussade. Il sifflait parfois en travaillant et riait des gamineries de Dora.

Le magicien vint les chercher le dimanche et tous trois se rendirent à la petite chapelle des elfes, pleine à craquer. Ils écoutaient attentivement les paroles du gnome-pasteur et se sentirent tout heureux au retour dans la grande forêt. Le vieux gnome leur dit alors : « Comme vous avez été bien obéissants, je vous permets de vous amuser librement jusqu'au soir. Mais n'oubliez pas que demain il faudra se remettre au travail dès l'aube. D'ici là, ne vous éloignez pas de la maison et restez toujours ensemble ! »

Dora et Peldron ne songèrent plus à fuir ; ils étaient heureux de pouvoir se promener dans la forêt et s'amusèrent jusqu'au soir à contempler les oiseaux, les fleurs et le ciel bleu, mais surtout le bon soleil qui leur souriait à travers les branches. A la tombée du jour, lorsque le magicien vint les chercher et les ramena dans la petite maison, les deux enfants la retrouvèrent avec joie, se couchèrent et dormirent d'un trait jusqu'au matin. Alors ils reprirent gaiement leur travail.

Le vieux gnome les retint pendant quatre mois. Ils étaient libres le dimanche, se rendaient à la chapelle, puis s'amusaient dans la forêt, mais ils travaillaient durement toute la semaine.

Au bout de quatre mois, le magicien les emmena dans la forêt et leur dit : « Je crois, mes enfants, que j'ai excité votre colère et j'imagine que vous ne seriez pas fâchés de rentrer chez vous ?

— Oh ! oui, répondirent-ils en chœur.

— Comprenez-vous à présent pourquoi j'ai agi de la sorte ? »

Le magicien, devant leur air étonné, devina que Dora et Peldron n'avaient pas compris le but de leur séjour forcé et leur parla en ces termes :

« Je vous ai retenus dans la petite maison et vous ai forcés à travailler durement pour que vous compreniez qu'il existe autre chose au monde que votre joie ou votre tristesse. Quand vous l'aurez compris, vous serez bien plus heureux qu'avant. Déjà, la petite Dora est devenue un peu plus sérieuse, tandis que Peldron commence à découvrir la joie. Et cela parce que je vous ai forcés à profiter intelligemment de votre séjour dans la petite maison. Je crois aussi que, dès à présent, vous vous entendrez mieux. Qu'en penses-tu, Peldron ?

— Oui, je le crois aussi, car je trouve que Dora est devenue bien plus plaisante.

— A présent, retournez chez vos parents, mais n'oubliez jamais l'épreuve à laquelle je vous ai soumis. Jouissez de toutes les bonnes choses que vous apporte la vie, mais pensez aussi aux misères, aux chagrins d'autrui et tâchez de les soulager. Tous les hommes doivent s'entraider, mais aussi les elfes et les gnomes et même d'aussi petits elfes que Dora et d'aussi jeunes gnomes que Peldron peuvent contribuer au bonheur de leur entourage.

« A présent, allez en paix et ne m'en veuillez plus. J'ai fait ce que j'ai pu pour vous rendre heureux. Au revoir, mes enfants, à bientôt !

— Au revoir ! » s'écrièrent les deux enfants, puis chacun s'en fut chez ses parents.

Le vieux gnome s'assit alors dans l'herbe, ne souhaitant qu'une chose : pouvoir aider les enfants des hommes, comme il avait aidé Dora et Peldron. Ceux-ci furent heureux jusqu'à la fin de leurs jours. Ils avaient compris qu'il fallait rire ou pleurer en son temps et non à tort et à travers.

Plus tard, bien plus tard, ils s'unirent et, de leur plein gré, habitèrent ensemble une petite maison. Dora s'occupait du ménage, tandis que Peldron travaillait au jardin, comme à l'époque de leur enfance.

Traduction de Nelly Weinstein.

LA PETITE MARCHANDE
DE FLEURS

Au bout du village, la porte d'une maisonnette s'ouvre tous les matins à sept heures et demie. Une petite fille chargée de deux grands paniers de fleurs en sort, les dépose pour refermer l'huis derrière elle, puis reprenant ses paniers, elle les suspend aux bras et s'en va vers la ville d'un pas sautillant. Tous les villageois la connaissent et la regardent avec pitié lorsqu'elle leur sourit en passant; ils pensent que le chemin est bien long et les paniers si lourds pour une enfant de douze ans! Mais la fillette ignore leurs pensées; légère et joyeuse elle marche, marche toujours plus loin...

La distance est grande du village à la ville et il lui faudra marcher deux longues heures, chargée de ses paniers, avant d'atteindre le bourg.

Lorsqu'elle y arrive enfin, elle est très fatiguée, mais la perspective de pouvoir s'asseoir et se reposer l'aide à surmonter sa grande lassitude. La fillette est courageuse ; elle ne ralentit pas sa marche et lorsqu'elle arrive à la petite place qui lui est réservée, elle s'assied et attend, attend... car les passants sont rares qui achètent les fleurs de la pauvre petite marchande. Plus d'une fois, elle retourne au village avec ses paniers encore à moitié pleins.

Ce ne sera heureusement pas le cas aujourd'hui mercredi, jour de grande affluence sur le marché. A ses côtés, les paysannes offrent bruyamment les produits de leurs fermes. Autour de la fillette, ce ne sont que jurons et voix courroucées. Les passants entendent à peine la petite voix haut perchée de Krista, qui se perd dans le brouhaha de la foule.

L'enfant déteste crier toute la journée : « Regardez mes belles fleurs ! Deux sous le petit bouquet! Achetez mes belles fleurs! » Mais lorsque les passants ont terminé leurs achats, ils donnent aisément deux sous pour un petit bouquet aussi joliment composé.

Lorsque midi sonne au clocher de l'église, Krista se lève et se dirige vers l'autre bout du marché où le propriétaire de la cantine lui donne tous les jours un bol de café chaud bien sucré et c'est pour lui que la petite marchande réserve ses plus jolis bouquets.

Après s'être ainsi restaurée, elle retourne vers sa petite chaise et recommence à offrir ses fleurs. Enfin, lorsque sonnent trois heures et demie, elle se lève, prend ses paniers et s'en retourne au village. Comme elle est très fatiguée, elle avance plus lentement qu'à l'aller; elle n'arrivera devant la porte de sa vieille petite maison qu'après trois longues heures de marche. Krista la retrouve telle qu'elle l'a quittée à l'aube : froide, délaissée, peu accueillante. Elle partage cette demeure avec sa grande sœur qui travaille du matin au soir au village. Mais la petite bouquetière ne peut encore se reposer. Dès son retour, elle épluche les pommes de terre, puis prépare la soupe. Sa sœur ne revient que vers sept heures et demie et les deux fillettes se mettent alors à table et mangent leur maigre repas.

Bientôt la porte de la maisonnette s'ouvre encore une fois et la petite marchande réapparaît avec ses grands paniers. Elle se dirige vers le champ et la prairie qui entourent la maison. Elle n'a que quelques pas à faire et se penche pour cueillir toutes les sortes de fleurs qui poussent dans l'herbe, des grandes et des petites, qu'elle met dans ses paniers. La petite fille cueille toujours pendant que le soleil se couche ; lorsqu'il a disparu, elle termine la cueillette et ses paniers sont pleins. Krista se couche alors dans l'herbe, ses mains croisées sous la tête, et ses grands yeux contemplent l'azur pâlissant. C'est alors que commence pour elle le plus doux moment de la journée...

Le monde aurait tort de croire que la

petite marchande de fleurs qui travaille déjà si durement est mécontente de son sort. Elle est heureuse et le sera tant qu'elle pourra s'allonger tous les soirs dans l'herbe parmi les fleurs et contempler le ciel. Sa fatigue s'envole alors; le marché et les clients sont loin...

La fillette rêve et ne pense qu'à une chose : avoir tous les jours ce petit quart d'heure de tranquillité, seule avec Dieu et la nature.

Traduction de Nelly Weinstein.

LE RÊVE D'ÉVA

« **B**ONSOIR Éva, dors bien !

— Toi aussi, maman. »

Tic... la lumière s'éteignit et l'enfant se trouva dans l'obscurité.

La lune souriait calmement par la fente des rideaux à moitié tirés qui laissait filtrer un rayon lumineux. L'enfant se sentait si petite et se disait : « Si j'étais calme et souriante comme la lune, tout le monde me trouverait gentille... » Bientôt, Éva s'endormit. Elle eut alors un rêve, qui ne s'effaça pas sitôt de sa mémoire. Les images en étaient si vivaces qu'à la longue l'enfant prit son rêve pour la réalité.

Elle se tenait indécise, devant la grille d'un grand parc, sans oser y entrer. Une fillette, ayant deux petites ailes, s'approcha de l'enfant et lui dit : « N'aie pas peur, Éva. C'est moi qui te guiderai. »

L'enfant franchit la grille, mais ne reconnut pas le parc. Elle vit une profusion de fleurs et d'arbres, les insectes les plus divers, des écureuils et des tortues.

Le gai babil du petit elfe eut vite raison de la timidité d'Éva.

« Je te montrerai et t'expliquerai tout ce que nous rencontrerons. Tu pourras me poser une question, si tu ne comprends pas. Pour le reste, il faut que tu te taises. Si tu me désobéissais, je te reconduirais immédiatement chez toi, et tu resterais toujours ignorante.

« Voici la petite rose, la reine des fleurs. Elle est très belle et son parfum enchante. Elle le sait, et c'est ce qui la grise. La rose est belle, odorante, élégante, mais, dès qu'on la vexe, elle a tôt fait de montrer ses épines. Elle ressemble à une petite fille gâtée, très jolie et gentille à première vue, mais qui se vexe, dès qu'on cesse de l'admirer.

— Mais, mon petit elfe, pourquoi l'appelle-t-on alors la reine des fleurs ?

— La plupart des gens se fient aux apparences. La rose est belle et distinguée, mais en réalité, il existe d'autres fleurs, possédant plus de charme et de qualités.

— Ne trouves-tu pas la rose jolie, petit elfe ?

— Mais oui, Éva, la rose est très jolie, et, si on ne lui donnait pas toujours la place d'honneur, peut-être deviendrait-elle aussi gentille que jolie. Elle sait qu'on la surnomme la reine des fleurs, donc elle se trouve toujours la plus belle. Tant qu'il en sera ainsi, la rose sera orgueilleuse, et l'orgueil est un vilain défaut !

— C'est comme Lientje qui commande tout le monde à l'école, parce qu'elle est riche et jolie.

— Oui, Éva. Si Marietje, qui est pauvre et laide, ne se soumettait pas aux caprices de Lientje, vous vous ligueriez toutes contre elle. Vous obéissez à Lientje, car vous savez qu'en la vexant vous ne seriez plus dans ses bonnes grâces.

» Les petites Lientjes se retrouvent toutes seules dans la vie plus tard. Si vous ne vous laissiez pas toutes diriger par elle, peut-être se corrigerait-elle avant qu'il soit trop tard.

— Dois-je donc dire à mes petites amies de ne plus toujours l'écouter ?

— Oui, certes ; elle se mettra d'abord en colère mais deviendra plus raisonnable à la longue, reconnaîtra qu'elle a mal agi, et tout le monde alors l'aimera sincèrement.

— Je comprends, petit elfe. Mais, dis-moi, suis-je orgueilleuse comme la rose ?

— Les personnes orgueilleuses ne se posent jamais cette question, car elles n'admettent jamais qu'elles le sont. Mais regarde plutôt cette clochette, n'est-elle pas gentille ? Elle est aimable et simple et apporte la joie, car elle tinte pour les fleurs, comme la cloche de l'église le fait pour les hommes.

« La clochette ne se sent jamais seule, son cœur est plein de chansons. Plus heureuse que la rose, elle ne se soucie guère des louanges d'autrui. La rose n'aime que sa beauté, mais son cœur est vide et sans joie. La clochette, par contre, est peut-être moins belle, mais a de vrais amis qui l'aiment pour les mélodies qui remplissent son cœur.

— Mais la clochette est aussi une très jolie petite fleur...

— Sa beauté est réelle, mais pas aussi éclatante que celle de la rose qui attire tous les regards.

— Moi aussi, petit elfe, je me sens parfois seule, et voudrais être parmi d'autres gens. Est-ce mal de penser ainsi ?

— Aucun rapport avec ce que je viens de te raconter, ma petite Éva. Lorsque tu seras grande, je suis certain que tu entendras dans ton cœur la petite chanson.

— Continue ton récit, petit elfe. Je t'aime et tes histoires sont si belles... »

L'elfe montra alors la cime d'un vieux marronnier.

« Cet arbre n'est-il pas impression-nant ?

— Oh oui ! Quel âge pourrait-il avoir ?

— Il a certainement cent cinquante ans et supporte allégrement sa vieillesse, mais son égoïsme est sans bornes. Il ne demande qu'à vivre. Le reste lui importe peu. Tel quel, il paraît être le soutien de tous, mais il ne faut pas s'y fier. Ce marronnier mène une vie joyeuse et désire qu'on ne le trouble pas. Les arbres et les fleurs le savent, et c'est au sapin, si bon, si familier, qu'ils s'adressent, lorsqu'ils ont des différends à trancher. Cependant, il réserve une toute petite place de son cœur aux oiseaux, les accueille sur ses branches et leur rend parfois des services, si ceux-ci n'exigent aucun effort.

— N'est-ce pas comme certaines personnes, petit elfe ?

— Tout ce qui vit peut se comparer, mon enfant. Le marronnier n'est pas une exception à la règle...

« As-tu encore une question à me poser ?

— Non, j'ai très bien compris ce que tu m'as expliqué, et te remercie, petit elfe. Maintenant je m'en vais retourner chez moi. Mais viendras-tu encore me raconter de belles histoires ?

— Je ne le crois pas. Dors bien maintenant. »

Le petit elfe disparut et la fillette se réveilla.

Entre-temps, la lune avait cédé sa place au soleil, et le coucou du voisin marquait sept heures.

. . . .

Ce rêve avait fortement impressionné Éva. Tous les jours, elle se découvrait certains défauts mais se souvenait alors des conseils du petit elfe. Elle ne cédait plus à Lientje. Celle-ci se défendait âprement lorsque Éva proposait qu'une autre petite fille dirigeât les jeux, et toute la classe se ligua bientôt contre « cette Éva, qui voulait jouer au chef », mais on n'alla pas jusqu'à la traiter comme Marietje, enfant frêle et timide, qu'Éva trouva bientôt plus gentille et amusante que Lientje.

La fillette ne raconta jamais son rêve.

Le petit elfe était si beau, et maman, qui ne l'avait pas vu, ne comprendrait pas... Bientôt, l'enfant subit une grande transformation. Elle parlait souvent des choses intéressantes, et ne se laissait plus distraire par des futilités. Comme Éva se taisait sur les causes de ce changement, sa mère, qui ne voulait pas forcer la confiance de la fillette, ne la questionnait jamais.

Grâce aux conseils du petit elfe qu'elle ne revit jamais, Éva grandit en sagesse et en bonté. Lientje ne jouait plus au chef, et chacune de ses petites compagnes dirigeait à son tour les jeux. Lientje s'était corrigée de tous ses défauts. C'est alors qu'Éva raconta son rêve à sa mère. Celle-ci, au lieu d'en rire, dit à sa fille :

« C'est une grande faveur que t'a faite le petit elfe. N'oublie jamais la confiance qu'il a eue en toi et suis toujours ses bons conseils. »

Lorsque Éva eut seize ans — quatre ans après son rêve — tous la considéraient comme une gentille jeune fille, douce et secourable. Chaque fois qu'elle accomplissait une bonne action, elle se sentait heureuse. Elle comprit alors ce que voulait dire « une chanson dans le cœur ».

Bien plus tard, elle comprit enfin que le petit elfe n'était autre que la matérialisation de sa conscience. Néanmoins, elle lui fut toujours reconnaissante de l'avoir aussi bien guidée pendant son enfance.

Traduction de nelly Weinstein.

L'ANGE GARDIEN

UNE vieille grand-mère et sa petite-fille vivaient jadis à l'orée d'une forêt profonde. Les parents de l'enfant étant morts depuis longtemps, l'aïeule avait pris soin de sa petite-fille et l'élevait avec tendresse.

Elles habitaient une maison isolée, mais ne souffraient pas de leur solitude. Elles étaient heureuses et contentes de leur sort et ne se quittaient jamais.

Or, il advint un jour que l'aïeule, souffrant de vives douleurs, ne put quitter sa couche. La fillette, qui, à l'époque, avait quatorze ans, la soigna du mieux qu'elle put. Malgré cela, l'aïeule mourut au bout de cinq jours et la fillette resta seule dans la maison isolée.

Comme elle ne connaissait personne et

qu'elle ne voulait pas demander à un étranger de l'aider à ensevelir sa grand-mère, elle se rendit dans la forêt, y creusa une fosse au pied d'un gros arbre et y enterra son aïeule.

Lorsque la fillette se retrouva dans la maison vide, son chagrin ne connut plus de bornes. Elle se jeta en sanglotant sur sa couche et y serait restée jusqu'au lendemain si la faim ne l'en eût chassée. Les jours suivants la virent aussi triste et son chagrin ne fit qu'empirer, de sorte qu'elle perdit tout courage. C'est alors qu'une apparition réconfortante lui fit le plus grand bien et la transforma en apaisant sa douleur.

Un soir qu'elle s'était endormie, elle vit soudain devant elle sa grand-mère. Elle portait une longue chemise blanche, ses cheveux dénoués lui tombaient sur les épaules et sa main droite tenait un lumignon.

La fillette n'en put en croire ses yeux, mais lorsque l'apparition se mit à lui parler, elle dut se rendre à l'évidence. Voici ce que l'aïeule dit à sa petite-fille :

« Ma chère enfant, depuis quatre mois que je te regarde, tu n'as cessé de pleurer, de te désespérer ou de dormir. Il ne faut plus continuer à vivre de la sorte et je suis venue te trouver pour te dire de te remettre au travail. Reprends ta quenouille, recommence à filer et n'oublie pas d'avoir soin de notre petite maison. Ne te néglige pas et sois toujours proprement vêtue. Ne te crois pas seule au monde parce que je suis morte ! Je suis au ciel et ne te quitte jamais des yeux... Je suis devenue ton " ange gardien ". Reprends ton travail, ma chérie, et n'oublie jamais qu'en toutes circonstances, ta vieille grand-mère veille sur toi. »

Sur ces mots, l'aïeule disparut et la fillette se rendormit jusqu'au matin.

Lorsqu'elle se réveilla, elle se rappela les paroles de sa grand-mère et pour la première fois depuis longtemps, la fillette fut heureuse de ne plus se sentir seule. Elle se remit au travail, vendit au marché le lin qu'elle avait filé et suivit en tout les conseils de son ange gardien.

Plus tard, bien plus tard, elle ne fut

plus seule. Elle se maria avec le meunier du village et fut très heureuse.

La jeune femme alors remercia son aïeule de ne jamais l'avoir abandonnée et comprit que toute mariée qu'elle était, son ange gardien la protégerait jusqu'à la fin de ses jours !

Traduction de Nelly Weinstein.

LA FAMILLE DU CONCIERGE

Samedi 7 août 1943

NI l'hiver ni l'été la famille du concierge n'observe les règlements concernant le black-out (¹). C'est comme au temps de la paix, quand la lumière brillait de façon si accueillante dans chaque appartement et qu'on voyait les gens assis autour de la table de la salle à manger ou de la table à thé.

Sur ce point-là, le concierge et les siens ont l'air de se moquer que ce soit la

(1) *Black-out* : mesure de défense passive — occultation de toute lumière susceptible d'être vue par l'ennemi. (N.d.t.)

guerre ou la paix ; en tout cas, regardez par la fenêtre resplendissante de clarté et vous apercevrez Papa, Maman, leur fils et leur fille installés à table.

La guerre, Maman est décidée à l'ignorer ; elle refuse de préparer de l'ersatz de sauce, elle préfère se passer de sauce, elle ne boit pas d'ersatz de thé, à la place elle prend de l'infusion de menthe et, s'il y a de la canonnade, comme elle n'a pas envie de l'entendre, elle a aussi pour cela une excellente parade, à savoir : elle va se mettre dans la cabine de douche et fait jouer sur le phono un disque de musique de jazz la plus bruyante possible. Quand les voisins se plaignent, elle ne s'émeut pas, elle leur apporte simplement une petite gâterie pour les apaiser. La dame du second, dont la fille est fiancée au fils de la maison, reçoit une grosse crêpe et, tenez-vous bien, elle donne cinquante grammes de sucre à Mme Steen, sa voisine de droite.

La dentiste du premier sur la cour, qui

emploie sa fille cadette comme assistante, n'est pas oubliée non plus, ce qui rend Papa fou furieux contre elle, car chaque nuit de canonnade lui coûte trois cigarettes.

Papa et Maman restent seuls du matin au soir. Ils prennent grand soin de leurs cinq lapins qui engraissent de jour en jour. Ces lapins ont un berceau pour dormir, un abri pour ne pas se mouiller sous la pluie et un baquet en guise de table de salle à manger. L'hiver, ils ont une petite maison avec des fenêtres et de belles chambres spacieuses. Leur menu quotidien consiste en fanes de carottes et autres friandises. Papa s'affaire beaucoup au jardin, Maman dans la maison. Tout reluit de propreté. Chaque semaine, Maman nettoie les fenêtres de devant et celles de derrière, chaque semaine le sol, chaque semaine les ustensiles de cuisine, toujours aidée par la femme de ménage qui est employée là depuis des années.

Papa n'a plus guère de travail. A présent, il est concierge de l'importante société commerciale qui a ses bureaux au premier et sa tâche se limite à ne dormir que d'un œil, pour guetter au cas où des voleurs viendraient. Avant, Maman nettoyait l'immeuble du haut en bas, assistée de la femme de ménage. Depuis que sa fille s'est mariée et que l'autre a eu son dixième enfant, elle y a renoncé. La plus grande joie de Maman et de Papa, c'est quand leurs petits-enfants arrivent pour les voir. Pendant la visite entière, on les entend crier d'un bout à l'autre du jardin : « Grand-père, grand-mère, regardez les lapins, ce qu'ils font de drôles de choses ! » Alors Grand-père et Grand-mère accourent parce que les petits-enfants ont besoin qu'on les gâte, voilà leur opinion. Les petits-enfants, ce n'est pas pareil que ses propres enfants qu'il faut dresser.

Grand-père travaille d'arrache-pied pour l'aînée de ses petits-enfants ; il lui fabrique un canoë à l'occasion de son anniversaire. J'aimerais bien avoir un grand-père comme ça.

Traduit par Arlette Rosenblum
d'après la version américaine.

The Porter's Family.

LE VOYAGE EN AVION
DE PAULA

Mercredi 22 décembre 1943

CHAPITRE I

IL y avait longtemps que Paula désirait voir l'intérieur d'un avion. Depuis peu, son père travaillait sur un terrain d'aviation près de Berlin, où habitaient aussi Paula et sa mère.

Un beau jour, où le calme régnait sur le terrain, elle prit son courage à deux mains et grimpa dans le premier appareil qu'elle trouva sur son chemin. Le plus tranquillement du monde, elle explora les moindres recoins et s'arrêta en dernier dans le cockpit pour l'examiner. Elle s'apprêtait à partir quand, saisie d'une horreur indescriptible, elle entendit des voix retentir au-dehors. Elle se précipita à quatre pattes sous une des banquettes et attendit en tremblant la suite des événements.

Les voix se rapprochèrent de plus en plus et, un instant après, elle vit deux hommes monter dans l'avion ; ils allèrent jusqu'au fond et butèrent presque contre la banquette sous laquelle elle s'était allongée. Ils s'assirent tous les deux sur une autre banquette derrière elle et commencèrent à parler dans un dialecte que Paula ne comprenait absolument pas. Au bout de dix minutes ou un quart d'heure, ils se levèrent et l'un d'eux sortit, mais l'autre s'enferma pendant un moment dans la cabine de pilotage pour reparaître habillé en combinaison de vol. Puis le second revint, suivi par six autres hommes qui entrèrent tous dans l'avion et Paula, tremblante,

entendit le moteur démarrer et les
hélices commencer à tourner.

CHAPITRE II

Comme elle s'était conduite avec
audace mais qu'il lui arrivait d'être tantôt timide et peureuse, tantôt d'un courage inattendu, allez donc deviner
laquelle de ces tendances opposées pré-
vaudrait maintenant.

Eh bien, elle se montra exceptionnellement brave et, quand ils eurent volé
pendant un moment, elle s'extirpa de
dessous le banc. A la stupeur infinie de
l'équipage, elle se nomma et expliqua
comment elle se trouvait là.

Que fallait-il faire de Paula ? Les
hommes de l'équipage en discutèrent et
conclurent qu'ils n'avaient pas d'autre
choix que la garder avec eux. Elle les
entendit dire qu'ils se rendaient en Russie pour bombarder les lignes russes.

En soupirant, elle s'étendit sur une banquette et s'endormit. *Bim bam boum*... Paula se redressa subitement et regarda ses compagnons en ouvrant de grands yeux. Seulement personne n'avait le temps de s'occuper d'elle, parce que les Russes tiraient tant qu'ils pouvaient sur l'avion ennemi. Tout à coup, Paula hurla, les banquettes tremblèrent, les vitres explosèrent et deux obus tombèrent à l'intérieur de l'appareil, un bombardier spécialisé dans les lâchers de bombes en piqué, et l'avion descendit se poser tant bien que mal.

Des Russes accoururent et passèrent les menottes à tout l'équipage. Imaginez la tête de ces étrangers quand ils se sont soudain trouvés face à face avec une fillette d'environ treize ans. Les Allemands ne comprenaient pas un mot de la langue des Russes et vice-versa, aussi un jeune Russe a-t-il pris Paula par la main et ils ont suivi l'équipage jusqu'à un camp de prisonniers. Le chef du camp a ri de bon cœur à la vue de Paula qui se tenait là d'un air aussi peu effrayé.

Il ne voulut pas garder cette petite fille prisonnière avec les autres, alors il décida de chercher le lendemain s'il ne pourrait pas trouver à l'arrière du front des braves gens qui prendraient l'enfant chez eux jusqu'à la fin de la guerre.

CHAPITRE III

Paula avait passé une huitaine de jours dans le bureau du commandant du camp lorsque, par un matin pluvieux, on la fit sortir telle qu'elle était et monter dans un gros camion qui emportait à l'hôpital des soldats blessés. Pendant cinq heures, le camion roula en ferraillant et cahotant sur les pavés, tandis qu'un rideau de pluie empêchait de voir quoi que ce soit au-dehors. L'isolement de la route était rompu çà et là par une maison, mais toutes ces maisons semblaient mortes. Au début du voyage, le grondement du canon s'entendait encore dans le lointain, il s'affaiblit peu à peu et finalement s'éteignit tout à fait.

Soudain, le trafic augmenta sur la route, ils croisèrent quelques voitures, puis le camion s'immobilisa devant une maison blanche, sur laquelle des croix rouges étaient peintes du haut en bas. Les blessés furent transportés à l'intérieur, où ils furent pris en charge par des infirmières compatissantes.

Quand ils eurent tous quitté le camion, le chauffeur repartit sans un mot. Une autre heure passa, puis il s'arrêta de nouveau et Paula vit une assez grande ferme au milieu des arbres. Le chauffeur tendit la main en direction de la maison et Paula comprit qu'elle devait descendre. Elle attendit sur la chaussée que le chauffeur descende aussi mais, avant qu'elle ait eu le temps de dire « ouf », le camion avait disparu et elle était seule sur la route déserte. Elle songea : « Drôles de gens, ces Russes ! Ici dans ce pays étranger, ils m'abandonnent à mon sort. Je parie que les Allemands n'agiraient pas comme ça. »

(N'oubliez pas que Paula était allemande.) Mais alors elle se rappela que le chauffeur avait indiqué la maison. Elle traversa donc la route, ouvrit la barrière et se retrouva dans une sorte de pré clôturé. Devant la maison, elle vit une femme qui s'activait et une petite fille qui mettait du linge à sécher.

Paula alla vers la femme en tendant la main. Elle se borna à dire : « Paula Müller. » La femme tendit la main à son tour après l'avoir essuyée sur son tablier tout trempé et déclara : « Yustichiyarreya kolovnya. » Paula pensa qu'il s'agissait de son nom, mais cela signifiait simplement : « Bienvenue ici. »

CHAPITRE IV

Mme Kantavoska (c'était le nom de la femme) habitait cette ferme avec son mari et trois enfants. Elle avait aussi un ouvrier journalier et deux servantes.

80

Trois jours plus tôt, elle avait été avisée qu'une fillette d'environ treize ans arriverait probablement d'ici peu. Et donc que personne d'autre ne serait logé dans sa maison.

Mme Kantavoska en avait été enchantée et, maintenant, elle ne douta pas qu'elle avait affaire à la fillette en question. Ce fut difficile pour les Kantavoska d'indiquer à Paula ce qu'elle devait faire. Elle avait beau s'appliquer, elle ne devinait pas ce qu'ils lui voulaient. Pendant les deux premières semaines, elle eut de la peine à avaler la nourriture mais, la faim étant le meilleur des assaisonnements, elle ne tarda pas à s'y habituer et, croyez-le ou non, elle se mit à aider à laver le linge et à coudre en imitant les autres.

Paula demeura donc là et, quand six mois eurent passé, elle comprenait pas mal de russe. A la fin de six autres mois, elle comprenait presque tout et, même s'il ne lui venait pas facilement, elle disait son mot de temps à autre. Les Kantavoska ne s'aperçurent pas des défauts de Paula, elle était beaucoup trop intelligente pour ça ; d'ailleurs, elle ne voulait pas se rendre la vie difficile chez eux. Elle abattait sa part de travail et, comme en réalité elle n'était pas aussi maladroite qu'elle feignait de l'être chez elle, Paula s'intégra peu à peu à la famille.

CHAPITRE V

Deux ans après son arrivée chez les Kantavoska, on demanda à Paula si elle aimerait apprendre à lire et à écrire. Elle accepta avec enthousiasme et, dès lors, elle étudia la lecture et l'écriture trois fois par semaine chez une jeune fille du voisinage. Elle fit des progrès rapides ; en douze semaines, elle sut lire le russe. Avec la voisine, elle apprit également à danser et on ne tarda pas à la voir exécuter des polkas et des mazurkas dans des cafés, pour quelques sous par soirée. Elle donnait la moitié de cet argent à Mère Kantavoska et gardait l'autre moitié, car elle avait trouvé depuis longtemps un moyen de quitter ce pays.

CHAPITRE VI

Elle avait maintenant seize ans, elle n'était pas très instruite et, selon les critères occidentaux, elle risquait fort de paraître assez sotte. Elle dansait donc avec acharnement et ne tarda pas à économiser de quoi acheter un billet de chemin de fer pour le trajet de Minsk (elle était dans cette région) à Varsovie. « Une fois à Varsovie, pensait-elle, la Croix-Rouge se chargera sûrement de moi pour le reste du parcours. »

Aussitôt dit, aussitôt fait. Un matin, alors qu'elle était censée aller à ses études, elle mit dans un sac les possessions qu'elle avait accumulées et s'esquiva.

Comme elle l'avait prévu, se rendre de la ferme des Kantavoska à Minsk ne fut pas une partie de plaisir. Un camionneur la transporta bien à son bord pour quelques heures de route, mais elle accomplit à pied le reste du chemin et cela lui prit un temps infini. Quand, morte de fatigue, elle arriva en fin d'après-midi à Minsk, elle se dirigea tout droit vers la gare de chemin de fer et demanda quelles étaient les heures de train à destination de Varsovie. A son horreur, elle apprit que le premier convoi ne partirait pas avant midi le lendemain. Elle insista pour parler au chef de gare ; lorsqu'il fut là, elle lui demanda l'autorisation de passer la nuit dans la salle d'attente. La permission fut accordée ; Paula était si lasse qu'elle s'endormit presque immédiatement. Au matin, elle se réveilla tout ankylosée, se demandant avec stupeur où elle était. Néanmoins, la conscience ne lui revint que trop vite, car les protestations de son estomac ne pouvaient être ignorées. C'était un problème que Paula n'avait pas envisagé. Il y avait au buffet de la gare une brave serveuse qui, après avoir entendu l'histoire véridique de Paula, lui donna un bon petit pain russe. Elle occupa la matinée à bavarder avec la serveuse puis, à midi, entièrement remise d'aplomb et pleine d'entrain, elle monta dans le train pour Varsovie.

CHAPITRE VII

A son arrivée là-bas, le chef de gare lui indiqua le chemin et elle alla directement à la maison des infirmières de la Croix-Rouge. Elle y resta plus longtemps qu'elle ne l'avait escompté, parce qu'aucune des infirmières ne savait que faire d'elle. Elles ne possédaient aucun renseignement sur les organismes qui s'occupaient des gens, elles ne connaissaient ni adresse ni rien et, puisque Paula n'avait pas un sou vaillant, les infirmières ne pouvaient ni la mettre dans un train ni la laisser mourir de faim. Elles conclurent finalement que le plus simple était d'acheter pour Mᴵˡᵉ X un billet à destination de Berlin puisque Paula leur avait dit qu'une fois là-bas elle n'aurait aucun mal à rentrer chez elle.

Paula fit des adieux affectueux aux infirmières, puis elle reprit le train. Un jeune homme sympathique monta à la gare suivante et entama sans tarder la conversation avec cette jeune fille à l'air crâne. Tout au long du voyage, on put voir Paula en compagnie du jeune et beau soldat et, quand ils descendirent du train à Berlin, ils fixèrent un rendez-vous pour se rencontrer bientôt.

Paula partit tout de suite et atteignit vite la maison de ses parents, mais celle-ci était vide et abandonnée. Pas une fois l'idée ne lui était venue que ses parents puissent avoir déménagé entre-temps. Que faire ? Elle s'adressa de nouveau aux responsables de la Croix-Rouge et leur raconta son histoire dans son mauvais allemand. De nouveau, elle fut hébergée et nourrie, mais ne fut autorisée à rester là que deux semaines.

Les seules nouvelles qu'elle avait de ses parents, c'est que sa mère avait quitté Berlin pour chercher du travail ailleurs ; quant à son père, il avait été mobilisé pendant la dernière année de la guerre et était hospitalisé quelque part avec une blessure.

Elle chercha aussitôt une place de bonne à tout faire et, lorsqu'elle en eut obtenu une, elle retrouva Erik, le beau jeune homme, qui lui procura un engagement dans un cabaret pour trois soirées par semaine. Ainsi les danses russes furent-elles encore utiles.

CHAPITRE VIII

Paula dansait depuis pas mal de temps lorsqu'un soir, au cabaret, on annonça que serait donné dans deux semaines un grand récital de danse pour des soldats convalescents récemment sortis de divers hôpitaux. Paula fut chargée d'un rôle important dans ce spectacle. Elle dut faire de nombreuses répétitions et, à son retour chez elle tard dans la nuit, elle était si lasse qu'elle avait du mal à se tirer du lit le lendemain matin à sept heures. Sa seule consolation était Erik. Leur amitié s'était renforcée et approfondie, et Paula se serait sentie perdue sans lui. La fameuse soirée vint et Paula eut le trac pour la première fois de sa vie. Cela semblait vraiment bizarre d'avoir à danser devant rien que des hommes. Mais elle n'avait pas le choix, l'occasion était trop belle pour qu'elle la manque, d'autant plus qu'elle aurait maintenant un peu plus d'argent.

Le spectacle se déroula à merveille et, dès qu'il fut terminé, Paula s'en alla retrouver Erik dans la salle. Tout à coup, elle s'arrêta net parce que, juste devant elle, il y avait son père, en train de parler à un autre soldat. Poussant un cri de joie, elle courut à lui et le saisit dans ses bras.

Son père, qui avait vieilli entre-temps, leva les yeux. Il était abasourdi, car il n'avait pas reconnu sa fille, ni sur la scène ni à présent. Elle fut obligée de se présenter.

CHAPITRE IX

Une semaine plus tard, on aurait pu voir Paula dans la gare de Francfort-sur-le-Main, marchant bras dessus, bras dessous avec son père. Ils furent accueillis par la mère de Paula très émue, qui n'avait jamais cessé d'espérer contre tout espoir qu'un jour sa fille reviendrait.

Quand elle eut raconté à sa mère ce qui s'était passé, son père lui demanda pour plaisanter si elle voudrait monter dans « cet avion là-bas » pour retourner en Russie.

Le lecteur doit savoir que cette histoire se situe à l'époque de la guerre de

1914-1918, où les Allemands avaient mené une campagne victorieuse en Russie.

Traduit par Arlette Rosenblum d'après la version américaine.

Paula's Plane Trip.

LA PEUR

C'ÉTAIT terrible, la période que je traversais. La guerre se déchaînait autour de nous et personne ne savait si dans une heure il serait encore de ce monde. Mes parents, mes frères, mes sœurs et moi, nous habitions en ville, mais nous nous attendions soit à être évacués, soit à être obligés de nous enfuir par un autre moyen. Dans la journée, le son du canon et des coups de feu était presque continuel, les nuits étaient remplies mystérieusement d'étincelles et d'explosions soudaines qui semblaient provenir de quelque profondeur inconnue.

Je ne peux pas le décrire ; je n'ai pas

gardé un souvenir très net de ce vacarme, mais je sais bien que du matin au soir j'étais en proie à la peur. Mes parents avaient tout tenté pour me calmer, mais sans résultat. Je n'étais sensible à rien, à rien qu'à la peur; j'étais incapable de manger ou de dormir — la peur me rongeait le corps et l'esprit et me faisait trembler. Cela dura environ une semaine, puis vinrent une soirée et une nuit que je me rappelle comme si c'était hier.

A huit heures et demie, les tirs s'étant un peu apaisés, j'étais étendue à demi somnolente sur un canapé. Soudain, deux explosions violentes nous ont fait sursauter tous. On aurait dit que nous avions été frappés d'un coup de couteau : nous nous sommes tous levés d'un bond et avons couru dans l'entrée. Même maman, d'ordinaire si calme, était blême. Les explosions se renouvelèrent à intervalles quasi réguliers. Puis : un écroulement épouvantable, le bruit d'une quantité de verre qui se brise et un chœur de cris et de hurlements à rompre les tympans. J'ai enfilé les vêtements épais qui me tombaient sous la main, j'ai jeté quelques affaires dans un sac de montagne et je suis partie en courant. J'ai couru de toutes mes forces, j'ai couru sans arrêt pour m'éloigner de ce foyer d'incendie qui faisait rage près de moi. Il y avait partout des gens qui s'élançaient dans tous les sens en criant ; la rue était illuminée par un terrible reflet rouge.

Je n'ai pas songé à mes parents ou à mes frères et sœurs. Je n'avais de pensées que pour moi et je savais que je devais aller vite, vite, vite ! Je n'éprouvais aucune fatigue ; ma peur était trop forte. Je ne m'étais pas rendu compte que j'avais perdu mon sac de montagne. Je sentais et savais seulement que je devais courir.

Je ne pourrais pas dire pendant combien de temps j'ai couru avec devant les yeux l'image des maisons en flammes, des gens désespérés au visage convulsé. Puis j'ai pris conscience d'un peu plus de calme. J'ai regardé autour de moi et, comme si je m'éveillais d'un cauchemar, j'ai vu qu'il n'y avait rien ni personne derrière moi. Pas d'incendie, pas de bombes, personne. J'ai regardé un peu plus attentivement et j'ai constaté que j'étais dans une prairie. Au-dessus de moi, les étoiles scintillaient et la lune brillait ; il faisait un temps superbe, frais mais pas froid.

Je n'entendais pas un bruit. Épuisée, je me suis assise sur l'herbe, puis j'ai étalé la couverture que j'avais emportée sur mon bras et je me suis allongée dessus.

J'ai contemplé le ciel et j'ai compris que je n'avais plus peur ; au contraire, je me sentais tout à fait apaisée intérieure-ment. Le bizarre, c'est que je n'ai pas pensé aux miens, ni désiré leur pré-sence ; je n'avais envie que de me repo-ser et je n'ai pas tardé à m'endormir là dans l'herbe, sous le ciel.

Quand je me suis réveillée, le soleil commençait à se lever. J'ai su immédia-tement où je me trouvais ; dans la clarté du jour, j'ai reconnu les maisons de la banlieue de notre ville. Je me suis frotté les yeux et j'ai examiné les alentours. Il n'y avait pas un être humain en vue ; les pissenlits et les trèfles étaient ma seule compagnie. Je suis restée couchée sur la couverture un moment, réfléchissant à ce qu'il fallait faire, mais mes pensées ont dérivé et sont revenues à ce sentiment merveilleux éprouvé la nuit précédente, quand j'étais assise dans l'herbe sans plus ressentir de peur.

Plus tard, j'ai retrouvé mes parents et nous avons tous emménagé dans une autre ville. Maintenant que la guerre est finie, je sais pourquoi ma peur a disparu sous la vaste voûte des cieux. Quand j'étais seule avec la nature, j'ai compris — compris sans en avoir clairement conscience — que la peur est une maladie contre laquelle n'existe qu'un remède. Quiconque est effrayé, comme je l'étais alors, devrait regarder la nature et voir que Dieu est beaucoup plus proche que la plupart des gens ne le pensent.

Depuis ce temps-là, je n'ai plus jamais

eu peur, si nombreuses qu'étaient les
bombes tombant autour de moi (¹).

Traduit par Arlette Rosenblum
d'après la version américaine.

Fear.

(1) De cette « peur », on retrouve les traces dans le
Journal, notamment en date du 10 mars et du 4 août
1943. (N.d.t.)

LA FÉE (¹)

12 mai 1944

CETTE fée dont je parle n'est pas comme celles qu'on trouve à la douzaine au royaume des fées. Oh ! non, la mienne était vraiment hors série, par son apparence autant que par ses façons d'agir. Pourquoi, demandera-t-on sûrement, cette fée est-elle aussi extraordinaire ?

Eh bien, parce qu'elle ne se contentait pas d'aider quelqu'un par ici et de jouer un petit tour par là mais s'était donné mission d'apporter le bonheur au monde et à tous les gens de la terre.

Cette fée extraordinaire s'appelait

(1) Ce texte est mentionné dans la traduction française du *Journal* sous le titre *Ellen, la bonne fée* en date du mardi 9 mai 1944. (N.d.t.)

7

Contes.   4.

Ellen. Ses parents étaient morts alors qu'elle était encore très jeune et lui avaient laissé une fortune. Elle avait donc la possibilité de satisfaire ses fantaisies et d'acheter ce qui la tentait, même étant petite fille. D'autres enfants, fées et elfes, seraient devenus gâcheurs, mais pas Ellen. En grandissant, elle n'utilisa son argent que pour acheter de jolis vêtements et des choses délicieuses à manger.

Un matin, Ellen resta éveillée dans son lit douillet à se demander quoi faire de ces richesses qu'elle possédait en abondance. « Je ne suffirai pas à les dépenser pour moi seule, songea-t-elle, et je ne les emporterai pas dans la tombe. Pourquoi ne pas m'en servir pour rendre d'autres gens heureux ? »

L'idée était bonne et Ellen décida de la mettre immédiatement à exécution. Elle se leva, s'habilla, prit un petit panier d'osier, plaça dedans une partie de ses masses d'argent et sortit.

« Par où commencer ? se demanda-t-elle. Je sais. La veuve du fendeur de bois sera sûrement contente de ma visite. Son mari vient de mourir et la pauvre dame doit connaître des temps difficiles. »

Ellen traversa la prairie en chantant et frappa à la porte de la maison du fendeur de bois. « Entrez ! » dit une voix à l'intérieur. Ellen ouvrit doucement la porte et se trouva devant une pièce plongée dans l'obscurité. A l'autre bout, une petite dame âgée était assise dans un vieux fauteuil, en train de tricoter.

Elle fut étonnée de voir Ellen entrer et déposer aussitôt une poignée d'argent sur la table. Comme tout le monde, la vieille dame savait qu'il ne faut pas refuser les cadeaux des fées et des elfes.

« Voilà qui est charmant de votre part, mon petit, déclara-t-elle. Il n'y a pas beaucoup de gens qui font des cadeaux sans attendre quelque chose en retour, mais heureusement que les êtres du pays des fées sont une exception. »

Ellen la regarda avec stupeur. « Qu'entendez-vous par là ? questionna-t-elle.

« — Simplement que rares sont ceux qui donnent sans escompter de contre-partie.

— Vraiment ? Mais pourquoi voudrais-je quoi que ce soit de vous ? Je suis contente que mon panier soit un peu plus léger.

— Bravo ! dit la vieille dame. Merci beaucoup. »

Ellen prit congé et partit. Dix minutes plus tard, elle était arrivée à la maison suivante. Ici aussi, elle frappa, bien que ne connaissant pas les habitants. Elle en avait à peine franchi le seuil qu'elle comprit que l'argent ne posait pas de problème dans ce foyer. Les gens ne manquaient pas de choses matérielles — ils étaient pauvres de joie. La maîtresse de la maison la reçut aimablement, mais elle semblait dépourvue de vivacité ; son regard était morne et elle avait l'air triste. Ellen décida de rester là un peu plus longtemps.

« Peut-être puis-je aider cette dame d'une autre manière », pensa-t-elle et, de fait, quand la douce petite fée se fut assise sur un pouf, la femme commença à confier spontanément ses ennuis.

Elle parla de son mari désagréable, de ses enfants insupportables et de tous ses autres malheurs. Ellen écoutait, posait une question de temps à autre et en vint à être très touchée par le chagrin de cette femme.

Quand celle-ci eut fini, Ellen prit la parole.

« Chère madame, dit-elle, je n'ai pas l'expérience de ce genre de chose et je sais encore moins comment vous aider. Mais, n'empêche, j'aimerais vous donner un conseil que je suis toujours quand je me sens solitaire et triste.

« Un matin où le temps est beau, allez vous promener dans la grande forêt jusqu'à ce que vous arriviez à la lande. Là, après avoir marché un moment dans la bruyère, asseyez-vous quelque part sans rien faire. Contentez-vous de regarder le ciel bleu et les arbres ; peu à peu, vous vous sentirez intérieurement en paix et vous comprendrez que rien n'est si mauvais qu'on ne puisse y apporter une amélioration, si petite soit-elle.

— Non, répliqua la dame. Ce remède n'aura pas plus d'effet que toutes les autres pilules que j'ai avalées.

— Essayez-le quand même, insista la fée. Quand on est seul avec la nature, tous les soucis disparaissent. On se sent apaisé, puis content et l'on a conscience que Dieu ne nous a pas abandonnés.

— Si cela doit vous faire plaisir, dit la dame, j'essaierai un de ces jours.

— Très bien. Avec votre permission, je reviendrai vous voir la semaine prochaine à cette heure-ci. »

Ellen s'en alla ainsi d'une maison à l'autre, égayant et réconfortant les gens ; à la fin de cette longue journée, son panier était vide et son cœur plein ; elle savait qu'elle avait utilisé son argent bien mieux qu'en achetant des habits. A partir de ce jour, Ellen recommença souvent sa tournée. Elle portait sa robe à fleurs jaune, ses cheveux étaient retenus par un gros nœud de ruban et elle avait son panier au bras. C'est l'aspect qu'elle avait quand elle se rendait en visite.

Même la femme qui avait assez d'argent mais trop de soucis commençait à se sentir plus heureuse. Ellen le savait; son remède opérait toujours.

La fée s'acquit une quantité d'amis — pas d'autres fées et d'autres elfes, mais des adultes et des enfants. Les enfants lui racontaient tout, ce qui lui offrait un bon aperçu de la situation et la faculté de prononcer chaque fois le mot de réconfort qui convenait.

Par contre, en ce qui concerne sa fortune, elle avait mal calculé. Au bout d'un an environ, il lui restait juste de quoi vivre.

Eh bien, ceux qui pensent que cela attrista Ellen et l'empêcha de faire des cadeaux se trompent. Elle a continué à donner beaucoup : pas de l'argent mais de bons conseils et des paroles affectueuses, des paroles consolantes. Elle avait appris que, même quand on est seul, on peut toujours rendre sa vie belle ; et que, si pauvre que l'on soit, on peut encore dispenser aux autres des richesses.

A sa mort, Ellen — qui était devenue une très vieille fée — fut pleurée dans le pays comme jamais personne ne l'avait encore été. Pourtant, l'esprit d'Ellen n'avait pas disparu. Quand les gens dormaient, elle revenait leur apporter de beaux rêves ; même pendant leur sommeil, ils recevaient en cadeau les sages conseils de cette fée vraiment extraordinaire.

Traduit par Arlette Rosenblum d'après la version américaine.

The Fairy.

JACKIE

Jackie est debout devant la fenêtre
ouverte, dans sa petite chambre, et elle
respire l'air frais. Elle a très chaud et
c'est agréable de sentir ce petit souffle
d'air sur sa figure marbrée par les
larmes.

Elle lève les yeux de plus en plus haut,
tant et si bien qu'elle finit par contempler la lune et les étoiles.

« Oh, pense Jackie, je n'en peux plus.
Je n'ai même pas la force d'être triste.
Paul m'a quittée, je suis seule, peut-être
à jamais, je ne peux pas continuer
comme ça, je suis incapable d'entrepren-
dre quoi que ce soit, je suis désespérée,
voilà tout ce que je sais. » Et tandis que
Jackie regarde, regarde intensément les
choses de la nature qui déploient leur
entière beauté devant elle ce jour-là, elle
se calme. Rafale après rafale, le vent

s'engouffre dans les arbres devant la maison, le ciel s'assombrit, les étoiles disparaissent derrière de gros nuages épais qui ressemblent à des boules de papier buvard dans la clarté nébuleuse et prennent toutes les formes imaginables ; alors Jackie s'aperçoit subitement que son désespoir a disparu, qu'elle est encore capable de faire quelque chose et que nul ne peut lui ôter le bonheur qu'elle sent en elle. « Personne n'en a le pouvoir, murmure-t-elle sans s'en rendre compte. Pas même Paul. »

Après être restée une heure debout à la fenêtre, Jackie s'est ressaisie ; elle se sent toujours triste mais n'est plus désespérée. Quiconque contemple la nature, ce qui est la même chose que regarder en soi-même, assez longtemps et sérieusement sera comme Jackie guéri de toute désespérance.

Traduit par Arlette Rosenblum
d'après la version américaine.

Jackie.

LA VIE DE CADY

CHAPITRE I

Lorsque Cady ouvrit les yeux, la première chose qu'elle vit, c'est que tout était blanc autour d'elle. La dernière dont elle se souvenait nettement, c'est une voix lui criant quelque chose... une voiture... puis elle était tombée et tout était devenu noir. Un élancement aigu dans la jambe droite et le bras gauche la transperça ; sans s'en rendre compte, elle poussa un léger soupir. Aussitôt, un visage amical surmonté d'un bonnet blanc se pencha sur elle.

« As-tu très mal, ma pauvre petite ? Te rappelles-tu ce qui t'est arrivé ? questionnna l'infirmière.

— Pas trop... »

L'infirmière sourit. Cady reprit, parlant avec difficulté : « Oui... une voiture, je suis tombée... puis rien.

— Peu importe. Dis-moi simplement ton nom. Alors tes parents pourront venir te voir et ils n'auront plus à s'inquiéter. »

Cady fut visiblement horrifiée. « Mais... mais, mais... » fut le seul mot qu'elle réussit à dire.

« Ne t'en fais pas, tes parents ne t'attendent pas depuis tellement longtemps. Tu n'es ici avec nous que depuis une heure environ. »

Cady parvint à esquisser un petit sourire.

« Je m'appelle Caroline Dorothea Van Altenhoven, Cady en abrégé. Mon adresse est 261, Zuider Amstellaan.

— Tu voudrais que tes parents soient là ? »

Cady se contenta de hocher la tête. Elle se sentait très lasse et elle avait horriblement mal partout ; juste un autre soupir et elle se rendormit.

Mme Ank, l'infirmière en chef qui veillait près du lit dans la petite chambre blanche, regarda avec anxiété le menu visage pâle qui reposait sur l'oreiller aussi paisiblement que s'il n'y avait rien de grave. Le cas était grave, au contraire. La fillette avait été heurtée par une voiture survenant au détour de la rue au moment où elle traversait. Comme le médecin l'avait pensé, elle avait une fracture compliquée, son bras gauche était écrasé et son pied gauche avait également quelque chose de cassé.

On frappa doucement à la porte ; une infirmière fit entrer une dame de taille moyenne, suivie d'un homme de belle mine exceptionnellement grand. Mme Ank se leva ; ce devait être les parents de Cady. Mme Van Altenhoven était blême et regardait sa fille avec une expression effrayée. Cady ne s'en aperçut pas, car elle dormait toujours tranquillement.

« Oh, madame, dites-moi ce qui lui est arrivé. Nous avons attendu, attendu, mais pas un instant nous n'avons pensé à un accident, oh ! non...

— Il ne faut pas trop vous inquiéter, madame Van Altenhoven. Votre fille a déjà repris conscience. » L'infirmière leur dit sur l'état de leur fille ce qu'elle-même en savait. Elle le fit apparaître beaucoup moins grave qu'en réalité, ce qui la rendit elle aussi beaucoup plus optimiste. Peut-être l'enfant se rétablirait-elle finalement.

Pendant que les adultes parlaient, Cady se réveilla et, en apercevant ses parents dans la pièce, elle eut soudain l'impression d'être bien plus malade que lorsqu'elle était seule avec l'infirmière. Des pensées l'assaillirent ; d'horribles visions surgirent de tous côtés, elle se vit infirme à jamais... avec un seul bras, et une foule d'images terrifiantes.

C'est alors que Mme Van Altenhoven remarqua que Cady avait les yeux ouverts ; elle s'approcha du lit.

« As-tu très mal ? Comment te sens-tu ? Aimerais-tu que je reste auprès de toi ? As-tu besoin de quelque chose ? »

Cady était bien incapable de répondre à ce flot de questions. Elle se contenta de hocher la tête et soupira après le moment où cette effervescence cesserait.

« Papa ! » Voilà tout ce qu'elle put dire.

M. Van Altenhoven s'assit au bord du grand lit de fer et, sans prononcer un mot ou poser de question, il prit la main de sa fille dans la sienne.

« Merci, oh ! merci... » Cady ne dit rien de plus, elle s'était endormie.

CHAPITRE II

Une semaine s'était écoulée depuis l'accident. La mère de Cady venait lui rendre visite tous les jours, le matin et l'après-midi, mais on ne la laissait pas rester bien longtemps car elle épuisait Cady par son bavardage nerveux incessant et l'infirmière qui s'occupait spécialement de l'enfant s'était rendu compte que Cady souhaitait voir son père beaucoup plus que sa mère.

La blessée qui lui avait été confiée ne causait guère de tracas à l'infirmière ; Cady devait souvent beaucoup souffrir, en particulier quand le médecin l'examinait, mais elle ne se plaignait jamais et n'était jamais mécontente.

Ce qu'elle aimait le mieux, c'était rester étendue sans bouger et laisser courir son imagination. Mme Ank, l'infirmière, s'asseyait à côté de son lit avec un livre ou son tricot. Après les premiers jours, Cady ne dormit plus autant. Elle fut alors contente de bavarder un peu et Mme Ank était bien la personne avec qui plus que toute autre Cady préférait causer, car elle était calme et parlait toujours avec douceur ; c'est sa douceur que Cady appréciait le plus. Comme elle commençait à s'en rendre compte maintenant, cette tendresse maternelle lui avait toujours manqué. Petit à petit, un sentiment de confiance naquit entre l'infirmière et Cady.

Un matin, quand les deux premières

semaines furent passées et que Cady lui eut raconté beaucoup de choses, Mme Ank posa une question avec tact sur la mère de Cady. La fillette s'y attendait et elle fut contente d'avoir l'occasion de dire à quelqu'un ce qu'elle ressentait.

« Qu'est-ce qui vous a donné l'idée de me demander ça ? Vous ai-je fait l'effet de ne pas être gentille avec ma mère ?

— Non, pas précisément, mais il me semble que tu n'as pas autant d'affection pour ta mère que pour ton père.

— Vous avez raison. Je ne parviens pas à éprouver de réelle affection pour ma mère et j'en ai été très malheureuse. Maman est vraiment très différente de moi ; en soi, ce ne serait pas grave, mais elle est insensible à ce que je juge important et qui compte énormément pour moi. Pouvez-vous m'aider, madame Ank ? Pouvez-vous me dire comment me montrer plus gentille envers ma mère, afin qu'elle ne s'aperçoive pas que je tiens moins à elle qu'à mon père ? Je sais que ma mère m'aime beaucoup, je suis son unique enfant.

— Oui, ta mère est bien intentionnée, je crois qu'elle s'y prend maladroitement. Peut-être y a-t-il chez elle une certaine timidité.

— Oh! non. Elle n'est pas timide. Maman estime se conduire comme une mère doit le faire; elle resterait muette de stupeur si on lui disait que le ton qu'elle adopte avec moi ne convient pas. Maman ne doute pas un instant que c'est moi qui suis à blâmer. Madame Ank, vous êtes exactement la mère que j'aimerais avoir. J'ai tant envie d'une vraie mère et la femme qui est ma mère ne remplira jamais ce rôle. Personne au monde n'obtient tout ce qu'il souhaite, évidemment, quoique la plupart des gens s'imaginent que je ne manque de rien. J'ai un foyer agréable, mon père et ma mère s'entendent à merveille, ils comblent mes moindres désirs et, pourtant, est-ce qu'une vraie mère, une mère compréhensive, n'est pas quelque chose d'important dans la vie d'une jeune fille? Et peut-être pas seulement d'une fille. Que pensent et ressentent les gar-

çons ? Je suis bien incapable de le dire.
Je ne connais pas de garçon à proprement parler. Je suis certaine qu'ils
éprouvent autant le besoin d'une mère
compréhensive, mais peut-être pour
d'autres choses. Tenez, je crois que ce
qui cloche chez ma mère c'est qu'elle n'a
pas de tact. Elle a une façon tellement
horrible de parler de ce qu'il y a de plus
délicat, elle n'a aucune idée de ce qui se
passe en moi et pourtant elle ne cesse de
dire qu'elle s'intéresse aux jeunes. Elle
ignore totalement la patience et la douceur ; c'est une femme, mais ce n'est pas
une vraie mère.

— Ne juge pas ta mère aussi durement, Cady. Si elle est différente, peut-
être est-ce parce qu'elle a beaucoup souffert. Peut-être est-ce pour cela qu'elle
n'aime pas parler de sujets délicats.

— Je ne sais pas. Qu'est-ce qu'une
fille comme moi connaît de la vie de ses
parents ? De la vie de sa mère ? Est-ce
qu'on lui en parle ? Ma mère ne me
comprend pas et je ne la comprends pas.

Voilà pourquoi il n'y a jamais eu de confiance entre nous.

— Et ton père, Cady?

— Papa sait que nous ne nous entendons pas, maman et moi. Il comprend maman et me comprend. Il est chic comme tout, madame Ank, il essaie de compenser pour moi ce que maman ne me donne pas. Seulement il a peur d'en parler. Il ne me dit jamais rien qui mette maman en cause. Un homme peut faire beaucoup mais il ne peut jamais prendre la place d'une mère.

— J'aimerais te contredire, Cady, mais ce n'est pas possible puisque je sais que tu as raison. C'est grand dommage, à mon avis, que vous ne vous entendiez pas, ta mère et toi, au lieu d'être des amies intimes. Crois-tu que cela ne s'arrangera jamais, même quand tu seras plus âgée? »

Cady eut un haussement d'épaules presque imperceptible. « Madame Ank, j'ai terriblement besoin d'une mère, je serais si contente d'avoir quelqu'un en qui je puisse avoir une confiance absolue et qui me ferait confiance aussi. »

Cady se tut et Mme Ank eut l'air très grave. « N'en parlons plus, mon petit, mais je suis contente que tu m'aies confié tout cela à propos de ta mère. »

CHAPITRE III

Les semaines passèrent de façon assez monotone pour Cady. Bon nombre d'amis et connaissances venaient lui rendre visite mais, la majeure partie du temps, elle était seule. A présent, elle allait assez bien pour s'asseoir et lire. On lui avait fourni une table de malade et son père lui apporta un cahier pour tenir son journal ; maintenant, elle était souvent assise à écrire ce qu'elle pensait et ressentait. Cady n'aurait jamais cru qu'écrire lui procurerait autant de plaisir.

La vie à l'hôpital était d'une uniformité lassante. Tous les jours le même programme, chaque chose à son heure, pas la moindre variation. De plus, c'était très calme et Cady, qui ne souffrait plus de sa jambe et de son bras, aurait aimé davantage d'animation et de remue-ménage autour d'elle. Néanmoins, le temps s'écoulait assez rapidement. Cady ne s'ennuyait jamais et les gens lui donnaient des jeux auxquels elle pouvait jouer seule avec sa main droite. Et elle ne négligeait pas non plus ses livres de classe, elle leur consacrait chaque jour un bon moment. Elle était hospitalisée depuis trois mois, mais ce serait bientôt fini. Ses fractures n'étaient pas aussi graves qu'on l'avait craint d'abord et maintenant qu'elle était en bonne voie de guérison les médecins estimaient utile qu'elle séjourne dans une maison de repos pour y compléter sa convalescence.

La semaine suivante, Mme Van Altenhoven emballa donc les affaires de Cady, mère et fille roulèrent en ambulance pendant des heures et arrivèrent enfin à la maison de repos. Là-bas, les journées de Cady furent encore plus solitaires. Des visiteurs venaient une ou deux fois par semaine, il n'y avait plus de Mme Ank et tout était nouveau. Sa seule consolation était que sa santé s'améliorait.

Quand elle eut pris ses habitudes à la maison de repos et que son bras fut déplâtré, elle dut réapprendre à marcher. Ce fut terrible ! Appuyée sur deux infirmières, elle avançait un pied après l'autre, un exercice qu'elle recommençait tous les jours. Cependant plus elle marchait, plus cela devenait facile et ses jambes s'y habituèrent vite.

Ce fut une fête quand elle eut récupéré assez de force et accompli assez de progrès pour sortir dans le jardin avec une infirmière et une canne. Par beau temps, Cady et Mme Truus, qui l'accompagnait toujours, s'asseyaient sur un banc dans le grand jardin et parlaient ou lisaient, si elles avaient emporté un livre. Un jour, elles allèrent jusqu'au bois qui était à côté du jardin et, comme Cady avait trouvé cela beaucoup plus agréable, l'infirmière accepta de recommencer. Bien sûr, Cady devait marcher très lentement et, souvent, un mouvement inattendu la faisait souffrir, mais elle attendait tous les jours avec impatience cette demi-heure à l'air libre, où elle pouvait imaginer qu'elle était rétablie.

CHAPITRE IV

Trois semaines plus tard, alors qu'elle connaissait par cœur l'allée principale et les sentiers d'à côté, le médecin demanda si elle ne pensait pas que se promener seule l'amuserait davantage. Cady trouva l'idée magnifique. « Est-ce que je peux vraiment ?

— Oui, bien sûr. Filez tout de suite et ne revenez plus », plaisanta le médecin.

Une fois prête, Cady prit donc sa canne et partit seule. Cela lui fit un drôle d'effet, tant elle était habituée à la compagnie de Mme Truus ; toutefois, pour cette première sortie, elle n'avait pas la permission de dépasser les limites du jardin. Quand la demi-heure fut écoulée, l'infirmière de garde constata qu'elle rentrait avec des joues plus roses que d'ordinaire et une expression joyeuse.

« La promenade a été bonne, si je comprends bien. »

Dès lors, on la vit tous les jours dans le jardin et elle ne tarda pas à accomplir tant de progrès qu'elle fut autorisée à aller un peu au-delà de la grille. La campagne autour de la maison de repos était très tranquille, il n'y avait pratiquement pas d'habitations à proximité, à part les grandes villas dont la première était à dix minutes de marche, elle-même à dix minutes de la suivante et ainsi de suite.

Sur un des sentiers de traverse, Cady découvrit un tronc d'arbre qui servait de banc. Elle emporta des couvertures pour s'installer confortablement. Tous les matins, elle se rendait là-bas et songeait ou lisait. Quand elle prenait un livre, il lui tombait souvent des mains au bout de quelques pages et elle se disait : « N'est-ce pas bien plus agréable de rester simplement assise ici à contempler les alentours, ne vaut-il pas cent fois mieux réfléchir au monde et à ce qu'il contient plutôt que lire ce que devient l'héroïne de ce livre ? » Alors elle regardait autour d'elle, elle regardait les oiseaux et les fleurs, elle observait à ses pieds une fourmi qui se hâtait en transportant une minuscule brindille, et elle était heureuse. Puis elle rêvait au temps où elle serait de nouveau capable de courir et de sauter et d'aller où elle en aurait envie, et elle aboutit à la conclusion que son accident qui lui avait causé tant de souffrances avait aussi ses bons côtés. Elle se rendit subitement compte qu'ici dans les bois, dans la maison de repos et pendant les heures silencieuses passées à l'hôpital, elle avait découvert quelque chose de nouveau sur elle-même, elle avait découvert qu'elle était un être humain avec des sentiments distincts de tous les autres, une personne indépendante.

Pourquoi n'y avait-elle jamais pensé auparavant, pourquoi ne s'était-elle jamais avisée de penser aux gens qui l'entouraient ou même à ses propres parents ?

Qu'avait donc dit Mme Ank ? « Peut-être est-ce parce qu'elle a trop souffert qu'elle n'aime pas parler des sujets délicats de la vie. » Et qu'avait-elle répondu ? « Qu'est-ce qu'une fille connaît de la vie de ses parents ? »

Comment avait-elle eu sur la langue cette riposte plutôt aigre alors qu'elle était sûre et certaine de n'avoir jamais réfléchi à la question auparavant ? Pourtant, ne donnerait-elle pas la même réponse aujourd'hui ? Sa réponse n'exprimait-elle pas la vérité ? Qu'est-ce qu'une enfant sait de la vie des autres : ses amis, sa famille, ses professeurs ; que connaît-elle d'eux sinon les apparences ? Avait-elle jamais discuté sérieusement avec l'un d'eux ? Au fond de son cœur, elle en eut honte quoique n'ayant aucune idée sur la façon d'apprendre quelque chose concernant les gens et elle conclut donc : « A quoi me servirait qu'ils se confient à moi puisque je ne peux pas les aider dans leurs difficultés ? » Elle savait qu'elle ignorait comment les aider, mais elle savait aussi quel réconfort c'est de se confier à quelqu'un ; il n'y a pas tellement longtemps, elle-même avait beaucoup souffert de n'avoir personne à qui parler franchement. La solitude qui l'oppressait parfois, n'était-ce pas précisément cela ? Ce sentiment d'isolement ne se dissiperait-il pas si elle avait quelqu'un d'amical à qui elle pourrait tout dire ? Et Cady comprit qu'elle n'avait pas fait assez d'efforts, mais que les autres ne s'étaient jamais non plus préoccupés d'elle.

CHAPITRE V

Cady était gaie de nature, elle aimait bavarder. Pourtant, si elle se sentait bien seule, ce n'était pas par manque d'occasions de bavarder. Non, ce n'était pas cela ; son impression d'isolement avait une autre origine.

« Halte-là ! se gourmanda Cady, voilà que tu recommences à réfléchir. Attention, tu vas perdre la tête si tu continues à tourner autour du même sujet. » Cady se donna mentalement un tape et ne put s'empêcher de rire un peu à cette idée folle qu'il n'y avait personne pour la reprendre, que cela lui manquait probablement et que c'est pour cette raison qu'elle se faisait toujours des reproches.

Tout à coup, elle leva les yeux, elle entendait un bruit de pas qui approchaient, jamais elle n'avait rencontré personne sur ce sentier écarté. Les pas résonnèrent de plus en plus et, des bois, sortit un jeune homme d'environ dix-sept ans, qui lui lança un bonjour amical et poursuivit son chemin.

« Qui cela peut-il être ? pensa-t-elle. Serait-ce un des habitants des villas ? Oui, ce doit être ça, parce qu'il n'y a

personne d'autre par ici. » Ce qui tran-
cha la question pour Cady et elle oublia
complètement le jeune homme jusqu'au
moment où il passa de nouveau le lendemain, puis pendant plusieurs semaines
de suite encore, chaque jour à la même
heure.

Un matin où Cady était assise sur son
banc, quand le jeune homme fut sorti du
bois, il s'arrêta, tendit la main et dit :
« Je suis Hans Donkert ; voilà maintenant longtemps que nous nous voyons,
pourquoi ne pas faire connaissance pour
de bon ?

— Je m'appelle Cady Van Altenhoven,
répliqua Cady. Et je trouve que c'est
gentil de votre part de vous arrêter pour
changer.

— Ma foi, voyez-vous, je ne savais pas
si vous me jugeriez ridicule de continuer
à passer devant vous sans m'arrêter ou si
je faisais bien de vous parler mais, finalement, ma curiosité a été trop forte et je
me suis risqué.

— Ai-je donc un air tel qu'on puisse

avoir peur de m'adresser la parole? questionna Cady malicieusement.

— Non, maintenant que je vous regarde de près, rétorqua Hans sur le même ton de plaisanterie. Mais, dites-moi, en fait je voulais seulement vous demander si vous habitez dans une des villas ou si vous êtes une malade de la maison de repos... ce qui paraît très peu probable, ajouta-t-il vivement.

— Peu probable? ne put s'empêcher de répéter Cady. Voyons, bien sûr que si, je suis à la maison de repos. J'ai eu la jambe et le bras cassés et le pied écrasé et j'ai mis six mois à me rétablir.

— Tout ça à la fois?

— Oui, j'ai été assez bête pour me laisser renverser par une voiture. Mais ne vous frappez pas, ce ne doit pas être tellement grave puisque vous n'avez pas cru que je venais de la maison de repos. »

A la vérité, Hans avait été assez impressionné, mais il jugea que mieux valait laisser tomber le sujet. « J'habite à la Maison Dennegroen, là-bas. » Il pointa l'index. « Vous vous demandez sûrement pourquoi je passe par là aussi régulièrement ; je suis en vacances, de retour du collège, mais tous les matins je rends visite à un ami, parce que sans cela je m'ennuie. »

Cady esquissa un geste pour se lever et Hans, qui comprit son intention, allongea la main car c'était encore difficile pour Cady. Mais elle était obstinée, elle refusa son aide. « Ne le prenez pas en mauvaise part, mais je dois essayer de me lever seule. »

Hans, qui voulait se rendre utile, prit le livre de Cady et cela lui donna un prétexte pour escorter la charmante jeune fille jusqu'à la maison de repos. A la porte, ils se dirent au revoir comme s'ils se connaissaient depuis des années et Cady ne fut pas du tout surprise quand Hans arriva un peu plus tôt que d'habitude le lendemain et s'assit à côté d'elle sur le tronc d'arbre.

Ils parlèrent de bien des choses mais sans jamais rien approfondir et Cady, qui trouvait Hans terriblement gentil, ne tarda pas à regretter que leur conversation se borne toujours aux sujets les plus ordinaires. Un matin, ils étaient assis sur le tronc d'arbre pas bien loin l'un de l'autre. Pour une fois, la conversation languissait. Finalement, elle cessa tout à fait et ils restèrent assis les yeux fixés dans le vide. Soudain Cady, qui s'était plongée dans ses réflexions, redressa la tête. Elle avait l'impression qu'on l'observait. Effectivement, Hans examinait depuis un moment le petit visage qui était près de lui. Leurs regards se croisèrent, ils se contemplèrent plus longtemps qu'ils ne l'auraient voulu, jusqu'à ce que Cady finisse par en prendre conscience et baisse vivement les yeux.

« Cady, dit la voix de Hans près d'elle. Cady, ne pourriez-vous me parler de ce qui se passe en vous ? »

Cady réfléchit un instant, puis elle répliqua : « C'est très difficile, vous ne comprendriez pas. Vous allez penser que c'est infantile. » Le courage de Cady

129

l'avait abandonnée subitement et sa voix trébucha sur les derniers mots.

« Me faites-vous tellement peu confiance ? Vous imaginez-vous que je n'ai pas des pensées et des sentiments que je ne tiens pas à partager avec n'importe qui ?

— Bien sûr que j'ai confiance en vous, ce n'est pas ce que je voulais dire. C'est très compliqué. Moi-même, je ne sais pas ce que j'ai envie de vous expliquer. » L'un et l'autre regardaient par terre et leurs visages étaient graves. Cady remarqua que Hans avait l'air horriblement déçu et, comme elle en était désolée, elle dit soudain : « Est-ce que vous vous sentez très seul parfois, même quand vous avez des amis près de vous ? J'entends, très seul intérieurement.

— Je crois que tous les jeunes se sentent seuls par moments, certains plus que les autres. C'est mon cas et, jusqu'à maintenant, je n'ai jamais eu la possibilité d'en discuter avec quelqu'un. Les garçons ne se confient pas à leurs camarades aussi facilement que les filles. Ils

130

redoutent bien davantage qu'on ne les comprenne pas et qu'on se moque d'eux. »

Il se tut et Cady le dévisagea un instant. Puis elle déclara : « Je me suis souvent demandé pourquoi les gens avaient si peu confiance les uns dans les autres, pourquoi ils hésitent autant à décharger leur cœur. Parfois, quelques mots peuvent dissiper des difficultés et des malentendus terribles. »

De nouveau, ils ne parlèrent ni l'un ni l'autre pendant un moment. Puis Cady parut soudain prendre une décision.

« Hans, demanda-t-elle, croyez-vous en Dieu ?

— Oui, je crois en Lui de tout mon cœur.

— J'ai beaucoup pensé à Dieu ces derniers temps, mais je n'ai jamais parlé de Lui. Chez moi, quand j'étais petite, j'ai appris à prier Dieu chaque soir avant de me coucher. C'était une habitude, comme de me laver les dents. Je n'étais pas vraiment en communion avec Dieu, je n'ai pas l'impression que je pensais à

Lui parce que, tout ce dont j'avais besoin à cette époque-là, les gens pouvaient me le donner. Maintenant que j'ai eu cet accident et que je reste tellement seule, j'ai amplement le temps d'y réfléchir. Un des premiers soirs après mon arrivée ici, j'ai perdu le fil en récitant ma prière et je me suis aperçue que j'étais en train de songer à tout autre chose. Alors j'ai décidé de changer, j'ai commencé à m'attacher au sens profond des mots et ainsi j'ai découvert qu'il y avait cent fois plus que je ne l'avais imaginé dans cette prière enfantine apparemment simple. A partir de ce moment-là, j'ai prié pour des choses différentes, des choses que moi je trouvais belles, pas rien qu'une prière générale. Pourtant, quelques semaines plus tard, j'ai encore perdu le fil et, comme un éclair, une idée m'a traversé l'esprit : " Puisque je ne me suis jamais préoccupée de Dieu quand j'avais la vie belle, pourquoi m'aiderait-Il à présent que je suis dans une mauvaise passe ? " Cette question m'est restée en tête parce que je sais que ce serait simple justice que Dieu ne se soucie pas de moi maintenant.

— Je ne suis pas tout à fait d'accord avec vous sur ce point-là. Dans le passé, quand vous meniez une vie heureuse, vous avez prié mécaniquement, vos prières n'avaient pas de substance, vous accordiez à peine une pensée à Dieu. Mais maintenant que vous vous tournez vers Lui parce que vous souffrez et que vous avez peur, maintenant que vous essayez réellement d'être comme vous estimez le devoir, je suis sûr que Dieu ne vous laissera pas tomber. Faites-Lui confiance, Cady, Il a aidé tant de gens. »

Cady leva vers les arbres un regard pensif. « Mais, Hans, comment savons-nous que Dieu existe ? Dieu est qui et quoi, personne ne L'a jamais vu, en somme ; quelquefois, j'ai le sentiment que Le prier, c'est prier le vide.

— Quand vous me demandez qui est Dieu et ce qu'Il est je ne peux que répondre : personne ne vous dira qui est Dieu et à quoi Il ressemble parce que personne ne le sait. Mais si vous demandez : Dieu est quoi, je dirai : Regardez autour de vous les fleurs, les arbres, les animaux, les êtres humains aussi, et vous saurez alors ce qu'est Dieu. Cette chose merveilleuse qui vit et qui meurt, qui se reproduit et que nous appelons la nature — c'est Dieu. Il a fait tout cela ; vous n'avez pas besoin d'avoir une autre idée de Lui. Dieu est le nom que les hommes donnent à ce grand miracle ; ils pourraient tout aussi bien l'appeler autrement. N'êtes-vous pas de mon avis, Cady ?

— Oui, je comprends tout cela, j'y ai pensé aussi. Parfois, quand le médecin à l'hôpital me disait : " Vous êtes en bonne voie. Je suis presque certain que vous allez vous rétablir complètement ", j'étais très reconnaissante et — en dehors du médecin et des infirmières — envers qui d'autre aurais-je eu de la reconnaissance sinon envers Dieu ? Mais, par contre, lorsque je souffrais beaucoup, je me disais que ce que j'appelais Dieu était le Destin. Si bien que je tournais en rond perpétuellement et

n'aboutissais à aucune conclusion défi-
nitive. Pourtant, quand je me posais la
question : au fond que crois-tu ?, je suis
sûre que je croyais en Dieu. Je demande
souvent conseil à Dieu, pour ainsi dire,
et quand je le fais je suis sûre que j'ai la
bonne réponse. Mais, Hans, est-ce que
cette réponse ne devrait pas en quelque
sorte venir de moi-même ?

— Je vous l'ai dit, Cady, Dieu a créé
les gens et tout ce qui vit tels qu'ils sont.
Notre âme et notre sens de la justice
viennent de Lui. La réponse à votre
question vient de vous mais aussi de
Dieu, parce qu'Il vous a faite comme
vous êtes.

— Donc vous pensez que Dieu me
parle à travers moi-même ?

— Oui, je le pense. Et, en parlant de
ces choses, Cady, nous avons témoigné
d'une grande confiance. Donnez-moi
votre main en signe que nous aurons
toujours confiance l'un dans l'autre et si
l'un de nous se trouve en difficulté et a
envie d'en parler à quelqu'un, alors nous

saurons tous deux vers qui nous tourner. »

Cady lui donna sa main et ils restèrent assis un long moment main dans la main, tandis qu'une merveilleuse sensation de paix les envahissait.

Après cette conversation sur Dieu, Hans et Cady comprirent tous deux qu'ils avaient noué une amitié beaucoup plus profonde que leur entourage ne l'aurait soupçonné. Entre-temps, Cady avait si bien pris l'habitude d'écrire dans son journal ce qui se passait autour d'elle qu'elle ne tarda pas à savoir y exprimer ses pensées et sentiments mieux que n'importe où ailleurs, excepté avec Hans. Un jour, elle écrivit :

« Bien que j'aie un véritable ami, je ne suis pas constamment heureuse et gaie. Est-ce que tout le monde a l'humeur aussi changeante ? Mais si j'étais toujours heureuse, peut-être que je ne penserais pas assez à mille choses qui valent certainement la peine qu'on y réfléchisse.

« Notre conversation sur Dieu me trotte encore par la tête et souvent, pendant que je lis dans mon lit ou dans les bois, je me demande : Comment Dieu peut-Il me parler à travers moi-même ? Et alors une grande discussion s'engage en moi.

« Je crois que Dieu " parle à travers moi " parce qu'avant d'envoyer les gens sur terre Il donne à chacun d'eux un peu de Lui-même. C'est ce petit peu de Dieu dans une personne qui fait la différence entre le bien et le mal et qui fournit la réponse à Ses questions. Ce petit peu est la nature dans le même sens que le sont la croissance des fleurs et le chant des oiseaux.

« Mais Dieu sème aussi les passions et les désirs chez les hommes et, chez tous, ces désirs sont en conflit avec la justice.

« Qui sait ? Un jour, ce " petit peu de Dieu " qui s'appelle la conscience, peut-être que les hommes l'écouteront davantage que leurs désirs. »

Le 3 septembre, la paix de la maison de repos fut troublée pour la première fois depuis l'arrivée de Cady.

A une heure, alors qu'elle suivait le bulletin d'information à la radio avec son écouteur, elle fut horrifiée, car le commentateur de la station A. & B. annonça que le ministre Chamberlain avait déclaré la guerre à l'Allemagne. Cady ne s'était jamais intéressée à la politique, ce qui est parfaitement normal pour une fille de quatorze ans et, d'ailleurs, elle ne se sentait pas concernée par les événements qui se passent dans des pays lointains. N'empêche, elle eut vaguement l'idée que cette déclaration de guerre aurait aussi des conséquences pour elle, un jour ou l'autre. Quand l'infirmière apporta le thé après le déjeuner, elle annonça la nouvelle aux autres malades.

Toutes les personnes qui partageaient la même salle que Cady étaient en bonne voie de rétablissement.

La veille de la déclaration de guerre, une autre dame était arrivée dans la salle. Son lit était voisin de celui de Cady. A part « bonjour » et « bonsoir », Cady n'avait pas échangé un mot avec elle, mais voici que, de soi-même, ou... (¹)

. . . .

à côté de Cady avait gardé le silence.

Cady s'en était rendu compte et elle remarqua que des larmes coulaient sur le visage assez jeune, lui donnant une expression triste et pitoyable. Elle n'osa pas poser de questions de crainte de déranger la dame, qui était perdue dans ses réflexions. Un peu plus tard dans la journée, Cady lisait quand elle entendit sa voisine sangloter. Elle mit vivement son livre sur la table de chevet et demanda à mi-voix : « Voulez-vous que j'appelle l'infirmière ? Vous ne vous sentez pas bien ? »

La femme leva les yeux. Son visage était marbré de larmes. Pendant un instant, son regard plongea dans celui de Cady, puis elle répliqua : « Non, mon

(1) Ici, il y avait un blanc dans le manuscrit original. (N.d.t.)

petit, ne vous dérangez pas pour moi. Ce dont je souffre n'est rien que les infirmières ou la médecine puissent guérir. » La compassion que Cady éprouvait pour cette femme s'accrût encore. Elle paraissait si découragée, si abattue, qu'après avoir entendu ces paroles Cady fut incapable d'en rester là. « Peut-être puis-je vous aider », reprit-elle.

La femme, qui s'était laissée retomber sur ses oreillers, se redressa, sécha ses larmes avec son mouchoir et adressa à Cady un regard amical. « Je vois que vous ne questionnez pas par simple curiosité, dit-elle. Bien que vous soyez encore très jeune, je vais vous expliquer ce qui me rend si malheureuse. ». Elle s'interrompit un instant, promena autour d'elle un regard aveugle, puis poursuivit : « Mon fils, c'est à cause de mon fils. Il est pensionnaire en Angleterre, il devait revenir le mois prochain et maintenant, maintenant... » Des sanglots l'empêchèrent de continuer, mais Cady compléta pour elle :

« Maintenant il ne peut plus reve-

nir ? » La réponse fut un petit hoche-
ment de tête : « Qui sait combien va
durer cette guerre et ce qui se passera là-
bas. On a beau répéter qu'elle sera ter-
minée d'ici quelques mois, je n'y crois
pas. Une guerre dure toujours plus longtemps que les gens ne s'y attendent.

— Mais jusqu'à présent on s'est battu
seulement en Pologne. Vous ne devez pas
vous tracasser tellement. Après tout,
votre fils est entre de bonnes mains. »
Cady ne savait rien sur le jeune garçon,
mais elle avait l'intuition qu'elle devait
répliquer aux paroles de découragement
de cette femme. Toutefois celle-ci ne
parut pas l'entendre. « Après chaque
guerre, reprit-elle, on proclame " Plus
jamais ça, c'était trop terrible, il ne faut
plus que cela puisse jamais recommencer ", mais les gens trouvent constamment une raison de se battre et il en sera
perpétuellement comme ça, aussi longtemps que des humains vivront et respi-
reront, ils se querelleront toujours et
chaque fois qu'ils seront en paix ils se

141

mettront à chercher un motif de se disputer.

— Je ne sais pas, je n'ai jamais connu de guerre et... mais nous ne sommes pas en guerre, elle ne nous concerne pas jusqu'à présent. Bien sûr, ce que vous me dites pour votre fils est affreux mais, quand la guerre sera finie, je suis sûre que vous serez réunis en bonne santé. Ah... attendez. Qu'est-ce qui empêche votre fils de venir maintenant ? Le trafic entre la Hollande et l'Angleterre n'a pas été interrompu. Parlez-en donc au médecin, il saura sûrement. Si votre fils part bientôt, il pourra rentrer sans difficulté. »

Jamais Cady n'avait vu d'expression changer aussi subitement. « Vous croyez vraiment ? Je n'y avais pas pensé ; voilà l'infirmière, je vais lui demander. »

L'infirmière la plus proche se dirigea vers elles aux signes de Cady et de sa voisine. « Madame, questionna la femme, savez-vous si les communications entre la Hollande et l'Angleterre sont coupées ?

— Pas à ma connaissance. Vous rendez-vous en Angleterre ?

— Non, ce n'est pas pour cela que je posais la question. Merci beaucoup, madame. »

Après avoir gratifié Cady d'un autre regard reconnaissant, la femme se détourna et se mit à méditer ce qu'elle allait écrire à son fils.

C'étaient des temps durs pour les Juifs. Le sort de beaucoup devait se régler en 1942. En juillet, on commença à arrêter en masse les jeunes, garçons et filles, et à les déporter. Par chance, il semblait qu'on avait oublié Mary, l'amie de Cady. Plus tard, cela ne se borna plus aux jeunes, personne ne fut épargné. En automne et en hiver, Cady vécut des heures terribles. Toutes les nuits, elle entendait des voitures passer dans la rue, elle entendait des enfants hurler et des portes qu'on claquait. M. et Mme Van Altenhoven se regardaient et regardaient Cady à la clarté de la lampe et

dans leurs yeux se lisait la question :
« Qui vont-ils prendre demain ? »

Un soir de décembre, Cady décida de
faire un saut jusqu'à la maison de Mary
pour lui remonter un peu le moral. Cette
nuit-là, le vacarme dans la rue était pire
que jamais. Cady sonna trois fois chez
les Hopken et, quand Mary vint jeter un
coup d'œil avec prudence par la fenêtre
de devant, elle cria son nom pour la
rassurer. Cady fut introduite dans la
maison. Les membres de la famille au
complet attendaient, assis en costume
de gymnastique avec des sacs à dos.
Tous étaient blêmes et ne prononcèrent
pas un mot quand Cady entra dans la
pièce. Resteraient-ils assis là comme ça
chaque soir pendant des mois ? La vision
de tous ces visages livides hagards était
terrible. Chaque fois qu'une porte claquait dehors, un frisson parcourait les
gens assis là. Ces portes qui claquaient
semblaient symboliser la fermeture de
la porte de la vie.

A dix heures, Cady prit congé. Elle se
rendait compte que sa présence était

inutile, elle ne pouvait rien pour aider ou réconforter ces gens qui avaient déjà l'air d'être dans un autre monde. La seule qui gardait un peu de courage était Mary. Elle adressait de temps à autre un petit signe de tête à Cady et s'efforçait désespérément de faire manger quelque chose à ses parents et à ses sœurs.

Mary la reconduisit jusqu'à la porte qu'elle verrouilla derrière elle. Cady se mit en route pour rentrer chez elle avec sa petite lampe de poche. Elle n'avait pas fait cinq pas quand elle se figea, l'oreille tendue ; elle entendait marcher au coin de la rue, un régiment entier de soldats. Elle ne voyait pas grand-chose dans l'obscurité, mais elle savait bien qui venait et ce que cela signifiait. Elle se plaqua contre un mur, éteignit sa lampe et espéra que les hommes ne l'apercevraient pas. Soudain, l'un d'eux s'arrêta devant elle, braquant un pistolet et la regardant avec des yeux menaçants et une expression cruelle.

« Viens ! » Ce fut tout ce qu'il dit et, aussitôt, elle fut empoignée sans ménagement et entraînée.

« Je suis chrétienne et fille de parents respectables », parvint-elle à dire. Elle tremblait de la tête aux pieds et se demandait ce que cette brute allait lui faire. Elle devait à tout prix essayer de lui montrer sa carte d'identité.

« Respectables, qu'est-ce que tu racontes ? Voyons ta carte. »

Cady la sortit de sa poche.

« Pourquoi ne pas l'avoir dit tout de suite ? s'exclama l'homme en examinant la carte. *So ein Lumpenpack !* » En moins de rien, Cady se retrouva par terre sur la chaussée. Furieux de son erreur, l'Allemand avait donné une violente bourrade à la « petite chrétienne respectable ». Sans une pensée pour ses meurtrissures ou quoi que ce soit d'autre, Cady se releva et retourna chez elle en courant.

Après ce soir-là, une semaine passa avant que Cady ait la possibilité de rendre visite à Mary. Alors, un après-midi, sans se préoccuper de son travail ou d'autres obligations, elle en prit le temps. Avant même d'atteindre la maison des Hopken, elle fut pratiquement certaine qu'elle n'y trouverait pas Mary et, en effet, quand elle arriva devant la porte il y avait des scellés dessus.

Cady fut envahie par le désespoir. « Qui sait où est Mary, maintenant ? » pensa-t-elle. Elle fit demi-tour et rentra tout droit chez elle. Elle alla dans sa chambre et claqua la porte. Sans même ôter son manteau, elle se jeta sur le divan et songea longuement à Mary.

Pourquoi fallait-il que Mary s'en aille alors qu'elle, Cady, pouvait rester ici ? Pourquoi Mary devait-elle subir son sort horrible tandis qu'on la laissait, *elle*, mener une vie agréable ? Quelle différence y avait-il entre elles deux ? Valait-elle mieux que Mary en quoi que ce soit ? Est-ce qu'elles n'étaient pas exactement pareilles ? Quel crime avait commis

Mary? Oh, ce ne pouvait être qu'une terrible injustice. Et tout à coup elle eut devant les yeux la petite silhouette de Mary, enfermée dans une cellule, vêtue de haillons, avec un visage hâve, émacié. Ses yeux étaient très grands et elle regardait Cady avec une intense expression de tristesse, de reproche. Cady fut incapable de le supporter plus longtemps, elle tomba à genoux et fondit en larmes, elle pleura, pleura, secouée de sanglots de la tête aux pieds. Sans cesse, elle voyait les yeux de Mary qui imploraient de l'aide, une aide que Cady avait conscience de ne pouvoir lui donner.

« Mary, pardonne-moi, reviens... »

Cady ne savait plus que dire ou que penser. Pour cette détresse qu'elle distinguait si nettement devant ses yeux, il n'y avait pas de mots. Des portes claquaient dans ses oreilles, elle entendait des enfants crier et, devant elle, elle voyait une troupe de brutes armées, comme celle qui l'avait précipitée dans la boue et, au milieu de ces brutes, sans défense et seule, Mary, Mary qui était pareille à elle ([1]).

Traduit par Arlette Rosenblum d'après la version américaine.

Cady's Life.

(1) On retrouvera peut-être avec intérêt les éléments qui ont servi à composer le personnage de *Cady* dans le *Journal* — en date, notamment, du 2 avril 1943 et du 2 et du 5 janvier 1944 (difficultés d'entente avec sa mère) et du 27 novembre 1943 (évocation de son amie Lies, déportée) . (N.d.t.)

TABLE

Achevé d'imprimer en septembre 1985
sur les presses de l'Imprimerie Bussière
à Saint-Amand (Cher)

PRESSES POCKET, 8, rue Garancière - 75006 Paris.
Tél. : 634-12-80.

— N° d'édit. 2142. — N° d'imp. 2037. —
Dépôt légal : septembre 1985.

Imprimé en France